パラアスリート谷真海

切り拓くチカラ

徳原海 編著

ottobock.
CE

RS9
RIDGESTONE
105
RS9

604
NTT

はじめに

これは義足のアスリート、谷真海の東京パラリンピックまでの挑戦を約2年半かけて追いかけたドキュメンタリーである。

かつて佐藤真海として、走幅跳でアテネ、北京、ロンドンのパラリンピック３大会に出場し、２０１３年には東京オリンピック・パラリンピック招致プレゼンテーションでの名スピーチによって一躍パラリンピアンを象徴する存在となった。そんな彼女が、結婚と出産を経て、トライアスロン選手として再び夢の舞台をめざした背景にはどうしても日本で暮らす私たちに向けて発信したいあるメッセージがあった。

突如訪れたコロナ禍と、それによって顕在化した世界的な人種差別問題や社会の分断、そして史上初となる1年の大会延期。激動の中、苦しみ抜いてたどり着いたその場所で彼女は何を思ったのか。あるいは限界を超えた先に、どんな景色が見えたのか。

パラアスリートでありひとりの人間として、ただひたすら「スポーツの力」を信じて走り続けてきた谷真海の挑戦の日々の記録――――。

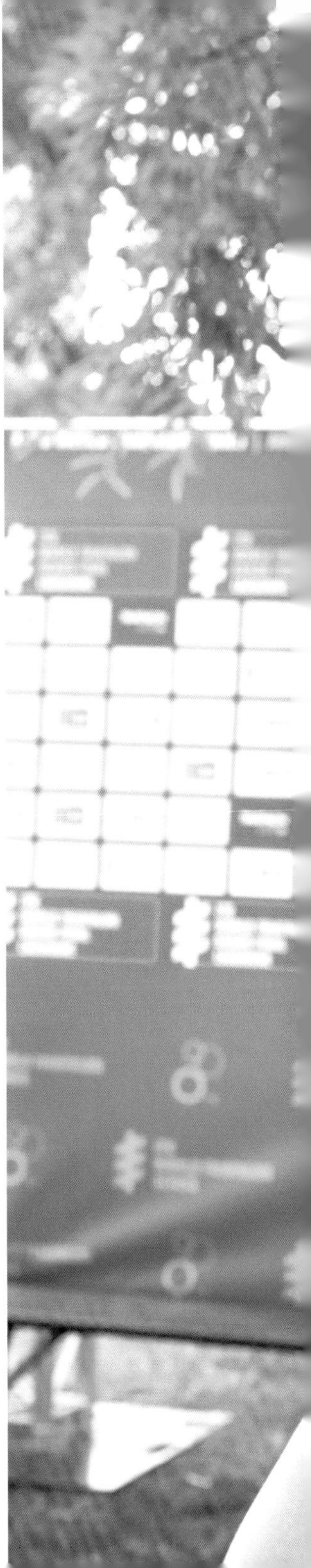

Contents

—目次—

PROLOGUE

東京2020パラリンピック

２０２１年8月29日。東京２０２０パラリンピック6日目。

ときおり夏の終わりを感じさせる爽やかな海風が吹く中、早朝のお台場海浜公園ではトライアスロン女子ＰＴＳ５（運動機能障害）クラスの決勝レースが始まろうとしていた。

ご存じのとおりスタンドは無観客。それでも会場はノリのいいＭＣと音楽、各国チーム関係者や応援に駆けつけた選手たち、取材に訪れた世界中のメディアらによってオリンピック・パラリンピック特有の緊張感とお祭りムードがしっかりと作り出され、沿道にはトライアスリートたちの熱量を直に感じようと多くの観衆が詰めかけている。前日に男子ＰＴＳ４（運動機能障害）クラスで宇田秀生が銀メダル、同じく男子ＰＴＶＩ（視覚障害）クラスで米岡聡が銅メダルを獲得したことも影響したのだろう。想像していた以上の賑わいぶりに驚かされつつ、今だから言えるが嬉しくもあった。

午前8時過ぎ。入場セレモニーでその名がコールされると、晴れやかな笑顔でスタンド方向に大きく右手を振りながら、谷真海が選手ゲートから姿を現した。

―ついにこの舞台に……本当に彼女は東京パラリンピックに出るのだな―

この数年、スイスのローザンヌをはじめ何度も国内外の大会に同行しながら谷真海の挑戦を追いかけてきた。良いときだけでなく、度重なる逆境に苦しむ姿も目の当たりにしてきたし、いろんな葛藤にさいなまれた話も聞いてきた。最初の種目、スイムのスタート地点へ向かう彼女をスタンドの記者席から目で追いながら、その取材の過程を思い出しつつ早くも感慨に浸っていた。

少し遡って、5日前。

谷真海が選手村に入ったのはパラリンピック開会式当日の午後だった。

「3時頃に夫に車で送ってもらったのですが、『なんて近い選手村なんだろう！』って少し不思議な感覚になったというか、日常の中でちょっと選手村に寄ったみたいな感じで自分でもびっくりするほど気軽なテンションで入りましたね。でも世界中の国旗がバッと並ぶ風景を見たときには、やはり『ああ、私は本当に選手村に来られたんだな』と実感しました。それにボランティアの皆さんがすごく温かい笑顔で迎えてくださるなどホスピタリティが本当にすばらしくて、少し前にオリンピックに出場したアスリートの多くが感動して帰国したという話もうなずけましたし、日本人として誇らしく感じました。また同時に、実のところ私としても本当に開催されるかどうかを直前まで確信が持てずにいたので、『いよいよ始まるんだな』とぐっと心と身体が引き締まりましたね」

その夜の開会式では、男子卓球の岩渕幸洋とともに日本選手団の旗手を務め、新国立競技場のフィールドを闊歩した。意外にも開会式への参加は今大会が初めて。走幅跳で出場した過去3大会は競技スケジュールとの兼ね合いで参加できなかっただけに、母国開催のメモリアルな大会で旗手という大役を担うことに特別な高揚感を抱かずにはいられなかったという。

「この大事な東京パラリンピックで日本選手団の旗手を任されたのも、何かしらのメッセージを伝える役割を期待されてのこと。だからこそ、本番では『この大会が終わっても自分の役目は終わらない』という気持ちをもう一度自分の中で再確認しながら国旗を持とうと思います」

大会前に語っていたその決意は、無観客であってもスタンド全体を見渡しながら手を振り、笑顔で国旗を掲げながら歩く凜とした姿にしっかりと投影されていた。

「当日はやはりドキドキしましたし、あとから『ちょっと速く歩きすぎだった』と周りから言われたのでそこは反省点ですけれど(笑)、観客席に人はいなくてもたくさんの方々がテレビで見てくださっているという思いを胸に、マスクをしていても私たち選手の笑顔がしっかり伝わるようにと晴れやかな気持ちで歩きました。こうした機会をいただけたことに感謝の気持ちでいっぱいですね。本当に一生忘れられないパラリンピック開会式になりました」

開会式は演出も印象的だった。テーマ、華やかさ、ユーモア、そして日本らしさ。どの観点から見ても今大会で発信すべきメッセージや開催の意義がはっきり示されていたし、「この状況下でやれることを100%やり切る」といった制作側の気概も伝わってきた。みごとな内容だったように思う。

しかしながら、実は谷自身は開会式を終えてからも人知れず様々な葛藤や不安、そして時に迫りくるような恐怖心とも闘っていた。

アスリートキャリアの集大成に挑むべく、引き締まった表情でスイムのスタートを待つ谷真海。

「8月に入ってからは、良い練習を積めてリラックスもできているのになかなか眠れない日々が続き、その状態は選手村に入ってからもしばらく続きました。トライアスロンは本当にハードな競技なので、これまでも大会が近づくと楽しみよりも怖さが勝ってしまうことは普通にありましたが、今回はさらに緊張感がありました。もちろん出るからには楽しみたいという気持ちは強かったのですが、やはりパラリンピックは自分にとって本当に大きな存在なのだなと思い知らされました」

落ち着きを取り戻したのは、本番のほんの数日前だったという。

「開会式の後は試走や試泳で大会会場に足を運ぶことが多かったのですが、ランもバイクも、コースはそれこそ会社（サントリー）のすぐ近くですし、普段子供を送り迎えしているような馴染みのあるエリア。何度もシミュレーションしてきた場所に立ってみて、ようやく吹っ切れた感覚がありましたね。レース当日の朝には、不安もすっかりなくなって〝無〟になれました」

・・・・・

午前8時10分。トライアスロン女子ＰＴＳ５クラスの決勝レースがいよいよスタート。

パラトライアスロンはスイム750ｍ、バイク20㎞、ラン５㎞の順で行われ、その合計タイムで競われる。谷は得意としているスイムで普段通りの力強い泳ぎを見せ、５番手の好位置で次のバイクと繋ぐトランジションエリアに戻ってきた。そこからが彼女の本当の戦いだった。

開幕前にパラリンピック関連のニュースやネット記事などで知った人も多いかもしれないが、実は谷の本来のクラスはＰＴＳ５よりも障がいの度合いが重いＰＴＳ４。すなわち今大会では自分よりも障がいの軽いクラスの選手たちに交じってレースに出場しなければならなかった。

なぜそのような状況になったのかは後の章で詳しく書いているが、ともかく彼女は他の選手たちとイーブンに競うことすら難しい形でこのパラリンピックを迎えたのである。２０１８年に本大会からのクラス除外が発表されて以来、常々その出来事に対して「パラリンピックの理念に反する、本来あってはならないこと」と発信し続けてきた。

「ＰＴＳ５で出場することが決まって、私にとっての東京パラリンピックはもはやメダルや順位どうこうではなくなりました。地元開催、そしてトライアスロン転向後初めてのパラリンピックで、どうやって自分が今までやってきたことを表現し、これまでサポートをしてくださった皆さんにチャレンジする姿を見せられるか。自分の中でもある意味そこに焦点が絞られていました」

最大の課題として、試行錯誤を重ねながら強化に努めてきたバイクで渾身の走りを見せる。

一歩一歩、前へ。ランでは疲労や暑さと闘いながら気力で足を踏み出す姿が印象的だった。

今大会にかけるその思いは、特にバイクでの果敢なプッシュに形となって表れた。

バイクはトライアスロンに転向してしばらく経った頃から、谷自身いちばんの課題に捉えながら強化に取り組んできた種目。とりわけバイクとランで使用する義足が異なるため、トランジションでの履き替えにそれなりの時間を要することから必然的にタイムロスが大きくなる。そのハンデを克服するために２０１９年の春にはバイクとランを共通の義足で通すことを試みるなど、上のクラスで戦える強さを身につけようと試行錯誤や工夫を重ねながらここまできた。これまでＰＴＳ５のレースで大きく順位を落とすことの多かったバイクでなんとか踏ん張ってみせる。そんな強固な意志を感じさせる走りだった。しかし、その反動が最後のランにきてしまう。

「バイクの１周目からすごい心拍数だったのですが、そこから周回を重ねるごとにさらに負荷を高めていったのでダメージは大きかったと思います。慌てて足のサポーターをしっかり上げきれないまま走り出してしまうほど、本当に苦しかった。ランに変わって、トランジションエリアで走り始めた瞬間に『これは大変なことになったな……』と」

大会後に彼女自身がそう振り返ったように、遠目からでも疲労の度合いは色濃かった。またスイムの開始時に曇っていた空も、ランに入る頃には雲の隙間から強い日差しがアスファルトを照りつけるようになっていた。疲労と暑さに体力はみるみる奪われ、気持ちも限界に達しつつあった。バイク終了時に8位だった順位は、気づけば最下位である10位まで後退した。

だが、そんな極限状態にあっても、両腕を懸命に振りながら自らを鼓舞し、一歩、また一歩と足を前に踏み出していく。足取りは重い。でも立ち止まる気配はない。その姿がまるで、様々な紆余曲折に打ち勝ってきた彼女の生き様そのものを映し出しているようにも見えた。

最後の周回。沿道からの応援に応える姿が記者席のモニターにも映し出された。苦しさを耐え凌いでいたその表情からも険しさが消え、少しずつ笑みがこぼれる。

「最後の1周はサングラスを外して、皆さんに感謝の気持ちを伝えようと」

そして大きな拍手に迎えられ、メイン会場のお台場海浜公園に戻ってきた。ゴール目前のブルーカーペットエリアに入ると、スタンドから見守るチーム関係者や選手たち、そしてボランティアスタッフたちに手を振りながら、あの〝いつもの笑顔〟で、ゴールに向けてラストスパートをかける。フィニッシュゲートのすぐ脇から、だんだんとゴールに近づいてくる彼女の姿を見ながら自然と込み上げてくるものがあった。そして、ハッとこう思った。

―ああ、そうだった―

〝限界のフタを外す〟。それこそが谷真海の真骨頂だったと。

TANI
JPN

CHAPTER 1

原点
—義足のアスリートになる—

筆者が谷真海と出会ったのはわりと近年になってからである。２０１７年に集英社の文芸誌〈青春と読書〉の仕事でインタビューしたのが最初で、「３年後に控えた東京パラリンピックへの想い」という趣旨の取材だった。

かつて走幅跳時代にはアテネ、北京、ロンドンとパラリンピック３大会に出場。また２０１３年にはブエノスアイレスでの東京オリンピック・パラリンピック招致に向けた最終プレゼンテーションで印象的なスピーチを行うなど、谷真海はパラスポーツ界の〝顔〟として世に広く知られる存在だった。だが恥ずかしいことに、当時は筆者の彼女に対する知識もそこまでだった。

そこで取材に向けて、まずは２００４年に出版された彼女の最初の著書〈ラッキーガール〉（集英社※著者名は旧姓の佐藤真海）を読んだ。それが「パラアスリート谷真海」を知るための第一歩となった。

本章では、その〈ラッキーガール〉の内容もところどころ引用しながら、まずは谷真海の出自からパラアスリートになるまでの経歴をざっと駆け足でたどっていきたいと思う。

・・・・・

子供の頃から、ずっとスポーツに夢中だった

佐藤真海は１９８２年３月12日、宮城県気仙沼市で生まれ、病院事務をしていた父と日本舞踊を

教えていた母と祖母、2歳上の兄という5人家族のもとで育つ。
三陸の海と山々に囲まれた豊かな自然環境が彼女のルーツだ。幼い頃から木登りや虫捕り、バドミントン、ローラースケートなどに夢中で、家の中で遊んだ記憶がないほど毎日暗くなるまで兄や友達と一緒に外に出ずっぱり。とにかくやんちゃでよく男の子に間違われたという。

スポーツとの出会いは5歳の頃。「兄のやることはなんでもやってみたかった」と、スイミング教室に通い始めたことがきっかけ。みるみる上達して小学4年生になった頃にはオリンピック選手育成を目的とした「選手コース」の一員になっていたというのだから、今思えば子供の頃からスポーツに無心に打ち込める才覚が備わっていたのだろう。
それでも日々、放課後に待ち受けるハードな練習に悔し涙を流し、水泳をやめたくなることもあったというが、1992年バルセロナオリンピックの競泳・平泳ぎで自分と4つしか違わない14歳のスイマー岩崎恭子さんが同競技史上最年少の金メダリストに輝いたことに心を貫かれる。当時のクラス文集にはこう書いたそうだ。

「いつか世界に通用する水泳選手になって、オリンピックに出たい」

真海少女はその後、小学校卒業とともに水泳は一旦やめてしまうが、それでもオリンピックに出たいという気持ちが芽生えたその〝原体験〟は後のキャリアに大きな影響をもたらしていく。

中学からは陸上部へ。今度は「1秒でも速く走りたい」という気持ちが彼女の芯になった。後に谷自身も話してくれたことなのだが、そうやって幼少からやってきた水泳、中学から始めた陸上が結果として今のトライアスロンに生きているのだと考えると、人生で挑戦してきたことに失敗はあれど、ひとつとして無駄なものはないということだ。当時の真海少女からしたら、将来トライアスロン選手として自国開催のパラリンピックに出場するなんて想像すらできなかっただろうけれど。

その後、「文武両道」をめざし、陸上と並行して勉学にも励むようになった真海は、父と祖父の通った早稲田大学とそのエンジのシンボルカラーに憧れを抱くようになる。そこで、早稲田大学に入るというその一点に集中し、高校はスポーツの強豪として有名かつ徹底した進学指導も行う仙台育英学園高校に進学（このあたりが、常に自分にとってベストな道を選ぶことができる天性のセンスを感じさせる）。そこでも進学コースでの勉強づけの生活にとどまらず、陸上部に入った。

２０００年4月、晴れて早稲田大学商学部に入学。

大学では子供の頃からのもうひとつの夢だったというチアリーディングの世界に飛び込む。「応援部チアリーダーズ」の一員として、野球部やラグビー部など憧れのエンジのユニフォームをまとう名門運動部の応援に情熱を注ぐようになった。歴史ある「早慶戦」にもチアとして参加した。ちなみに、当時の早稲田大学野球部にはひとつ上の学年に現・福岡ソフトバンクホークスの和田毅、同級生には現・東京ヤクルトスワローズの青木宣親や２０２１年シーズンをもって千葉ロッテマリーンズで引退した鳥谷敬らがいた（長い競技人生において、谷は彼ら同世代のアスリートたちの活躍をひそかに大きな励みにしてきた)。

病魔との闘い

青春を謳歌する彼女に、思いもよらない試練が訪れたのは大学２年の夏。

いつからか痛み出した右足首。はじめは捻挫だと思い、チアの練習にはテーピングやサポーターをぐるぐる巻きにして臨んでいたという。しかし２ヶ月、３ヶ月と経っても痛みはおさまらず、むしろどんどん増していき、ついにはヒールさえ履けなくなった。

近所の整形外科医院でレントゲン検査を受けたのは、その年、２００１年12月のこと。

以下、彼女が著書〈ラッキーガール〉で当時の様子を記した文そのままである。

「なんだ、これは？」
瞬間、先生の顔色がガラリと変わったのだ。
あきらかにただごとではない空気が流れた。
詳しいことはほとんど話さないまま、先生は都内の大学病院に電話をかけ始めていた。
「今すぐ患者にレントゲンを持っていかせますからお願いします」と。

漠然とした不安から、心臓の音が信じられないほど速くなった。

その日、携帯電話の機種変更なんかをしたせいで、取扱説明書や箱の入った大きな荷物がずしりと重く、不安な体にのしかかった。

外の暗さと、足の痛みと、何が起きているかわからない不安とで今にも泣きだしそうになりながら、その病院を後にした。

言われるまま新宿にある大学病院へ向かう間、私の頭の中をグルグル回っていたのは、先生がポツリと発した「骨が溶けてるよ……」というひと言だった。

その後、大学病院から紹介され、気仙沼から駆けつけた母と一緒に行った築地の『国立がんセンター中央病院』で、「骨肉腫」の発症が明らかになる。

骨肉腫は骨に発生する悪性腫瘍で、発症率は100万人あたり2～3人で10代に多いとされている希少がんのひとつ。現在では5年後の生存率が70～80％と言われており、長期にわたる入院、手術、抗がん剤投与による化学療法が必要になるケースがほとんどである。

医師からは、「すべての治療がうまくいったとしても右足は残せない」と宣告された。

右足の膝から下を切断する。19歳の大学生にとって、あまりに突然で、あまりに不条理な現実。動揺し、泣きじゃくる彼女を、後に主治医となる横山医師はこう諭したという。

「義足をつければ、またなんだってできる。歩くのはもちろんスポーツだってできるようになる」

真っ暗闇に差し込んだ一筋の光。病気と真正面から闘うことを決意したその瞬間こそ、本当の意味でのパラアスリート谷真海の原点なのかもしれない。

入院、切断手術、抗がん剤治療……壮絶な病気との闘いは約10ヶ月に及んだ。

闘病中のエピソードに関しては、〈ラッキーガール〉と、２００８年に出版された著書〈夢を跳ぶ―パラリンピック・アスリートの挑戦〉（岩波ジュニア新書）をぜひとも読んでいただきたい。

ここでいくら筆者が伝えようとしても、彼女自身の言葉によって、当時の心情、支えてくれた母や友人への思いがリアルに綴られた生の文章に勝るものはないから。

第6章、「回想」の項で、当時を今の視点で少し振り返ってくれている。

「スポーツ義足」との出会い

退院後、大学へ戻ってからしばらくは杖をついて歩いたりウィッグをかぶる自分の姿が周囲からどう見られているかがどうしても気になり、また長いブランクで自分だけが取り残されているような感覚にも陥っていたという。そんな中、将来に向けて活路を開いてくれたのがスポーツだった。

２００３年の初め頃、もうすぐ大学4年生になる佐藤真海は少し前に自らインターネットで探して見学に訪れていた『東京都障害者総合スポーツセンター』のプールで、おそるおそるではあるもの再び泳ぎ始める。その頃に出会ったのが、先天性ブドウ膜欠損症という目の病気で両目の視力を失いながら当時まで3度のパラリンピック出場を経験し、直近のシドニー大会では50ｍ自由形と400ｍメドレーリレーで金メダルを獲得していた河合純一さん。今夏の東京パラリンピックでは日本選手団の団長を務めたパラスポーツ界のレジェンドだ。

　河合さんのホームページを偶然見つけ、自分と同じ早稲田出身であることに親近感を覚えて何気なくメールを送ってみたことが発端だった。すぐに返信がきて、一緒に水泳の練習ができることになった。次の年のアテネパラリンピックをめざしていた河合さん（※アテネでも金メダルを含む5個のメダルを獲得し、その後北京、ロンドン大会にも出場）との刺激に満ちた練習の日々。それによって、彼女の心と身体には再び〝スポーツの血〟がたぎり始めたのである。

　同じ年の春には、もうひとつ大きな出会いに恵まれる。現在もスポーツ専用義足の分野で第一人者として知られている義肢装具士の臼井二美男さんである。義足に痛みを感じていたことでスポーツセンターの利用者から臼井さんを紹介され、氏が切断患者を集めて活動している陸上クラブ「ヘルスエンジェルス」（※現名称は「スタートラインＴｏｋｙｏ」）の練習会を見学したことがきっかけだった。

「ちょっと走ってみれば」

臼井さんからの提案に、最初は「そんなことが今の自分にできるのか」と半信半疑だった。しかし50ｍほど走ってみたことで久しぶりに爽快感を味わった彼女は、それを機に水泳の練習と並行してスポーツセンターで陸上競技を指導していた藤田勝敏さんとともに走るトレーニングを始めた。そして6月に初めて障がい者水泳大会に出場すると、翌月には陸上の大会にも出場することを決意。そんな折、臼井さんが「スポーツ義足」を用意してくれたのである。

筆者は過去にスポーツ義足体験に参加したことがある。これが歩くだけでもバランスを取るのに精いっぱいで、少しでも気を抜くと地面に引っかかって転倒しそうになる。走るとなればなおさらだ。そして何より長時間着けていると足との接続部にはかなりの痛みが出るという。しかし彼女は何度もつまずいては転び、その痛みに耐えながらただひたすらスポーツ義足で走る練習に没頭。その苦労の日々が、じわり、じわりと競技として陸上に向き合うための心と身体を育んでいった。

8月には水泳のジャパンパラリンピック（※現名称はジャパンパラ競技大会）で3個の金メダルを獲得、そして9月には陸上の同大会にも出場。その後もどん欲に、無我夢中に、大会出場を重ねながら、次第にアテネパラリンピックを意識するようになっていく。

「真海ちゃんが最初に出た大会のことは今でも覚えていますよ。彼女の場合、右足の膝下に残っている部分が10㎝ほどしかなく、一歩一歩、歩くたびにそこに全体重がかかるわけですから、やはりどうしても痛みが出るわけですね。しかし彼女はそれを我慢しながら、力に変えてスポーツに取り組める集中力を持っていましたし、何より必ず義足でうまく歩いてやる、走ってやるぞっていう気持ちの強さを持っていましたね。それに当時から自分の思ったことをはっきり言える子でした。義足についての感想や質問も的確でしたし、表現する能力と言いますか、若いのに伝達する能力が高いなあとも思っていました。たしか陸上を始めた年のジャパンパラだったと思いますが、大雨の中で行われた100mのレースで足を滑らせて転倒してしまってね。しかし100mを走り切るというのが彼女の課題だったので転んだ後もしっかり最後まで走り切ったんですよ。ゴールした後にグラウンドで会ったとき、真海ちゃんは泣いていましたが、それは悲しい涙ではなくて悔し涙だということがすぐにわかりました。僕はそんな姿を見て、たしかハグしたのを覚えています」

18年前の出来事を懐かしむように、そう臼井二美男さんが当時の様子を話してくれた。

「そんな真海ちゃんの姿を近くで見ていましたから、走幅跳でアテネパラリンピック出場が決まったときは嬉しかったですね。そして彼女は日本人女性として初めて義足でパラリンピックに出るアスリートになった。ついに歴史的な第一号が生まれた、僕の中ではそんな喜びもありましたね」

早稲田大学卒業、サントリー入社、そしてアテネパラリンピックへ

大学卒業を数日後に控えた2004年3月14日、アテネパラリンピック最終選考会に臨んだ佐藤真海。結果は、走幅跳で、国際パラリンピック委員会が定めた「A標準記録」である3m55cmを大きく上回る3m66cmを記録。足の切断手術から約2年、本格的な競技スタートからは1年にも満た

ない短期間でアテネパラリンピック出場の内定を勝ち取ったのである。

実は卒業後の就職先も決まっていた。陸上と水泳で本格的に大会出場を重ねていた時期に、並行して就職活動を行ってサントリーから内定を得ていたのだ。入社試験を受けた理由も実に彼女らしく、創業者である故・鳥井信治郎氏が掲げた「やってみなはれ」の言葉と同社に息づくチャレンジ精神に強く惹かれ、「どうしてもサントリーで働きたい」と思ったという。自分が「これだ」と思ったら一直線に突き進む。そのスタンスは、幼い頃に水泳を始めたとき、早稲田大学への進学を決めたとき、さらには義足でスポーツを始めようと決心したときとまったく同じ。ちなみに「挑戦」をテーマに自由なプレゼンテーションが求められた入社試験のエントリーシートの課題は、「何ごとにも情熱を傾け、挑戦し続ける人生を送りたい」という一文で締めくくったそうだ。

かくして２００４年、佐藤真海は早稲田大学を卒業し、サントリーで配属された「スポーツフェローシップ推進部（当時）」で働きながら、アテネパラリンピックに出場した。

結果は最終ジャンプで自己ベストの３ｍ95㎝を記録して9位。ベスト8入りと決勝進出は逃したものの、初めて臨んだ大舞台で世界のレベルとパラリンピックの規模の大きさを肌で実感し、また世界中から集まった「パラリンピアン」たちのきらきらと輝く姿に魅了されたことで「人生をかけて走り続けよう」という思いが芽生えた。後々まで果てしなく続くことになる、パラリンピアンとしての挑戦の人生のスタートラインに立ったのである。

・・・・・

本章の冒頭で触れた、２０１７年のインタビュー取材で谷はこんな言葉を残している。

「病気の宣告を受けてから、２００４年のアテネパラリンピックに出場するまでというのは、私自身、人生において最も自分と向き合った期間だったなと思っています。闘病中も退院した後も、『もう昔の自分とは違うんだ』という思いと日々闘いながら、将来についてより深く考えるようになりました。ただ漠然と生きるのではなく、これからの自分の人生をしっかり輝かせようって。

また、スポーツが以前にも増して私の人生になくてはならないものになりましたが、闘病中は大学に戻りたいという思いが大きな力になってくれましたし、義足で走幅跳をするようになってからは『少しでも遠くへ跳びたい。いつかパラリンピックへ』という思いが生きる糧になりました」

CHAPTER 2

転機
―東日本大震災を経て―

２００４年のアテネから始まった谷真海のパラリンピアンとしてのキャリア。佐藤真海として、その後３大会にわたって走幅跳で高みに挑み続けた期間がその第一章とするなら、結婚・出産を経てトライアスロンに転向し、谷真海として東京パラリンピックをめざした今夏までの挑戦は彼女にとってアスリート人生の第二章と言えるだろう。

しかしながら彼女のように長く競技の第一線に身を置き続ける生き方というのは、当然ながらパラアスリートであろうと健常のアスリートであろうと簡単なことではない。誰しも日々の練習や試合で大なり小なりの壁に直面してスランプに悩んだり、逆にふとした転機がプラスの要素を与えてくれたり、さらには新しい出会いによって競技に対する価値観そのものが変わったりと、人生を歩みながら様々な経験や学びを得て、それが血となり肉となってキャリアが築かれていくものだ。

そこでこの章では、これまで幾度となくインタビューしてきた中から彼女の印象的な言葉をピックアップしつつ、谷真海がアスリート人生を紡いできた中で大きなターニングポイントとなっている出来事について触れていく。

北京パラリンピック挑戦の過程で

義足で走り始めてからわずか1年足らず。そんな短期間で右も左もわからないまま出場したのがアテネパラリンピックだとして、２００８年の北京大会というのは佐藤真海がアスリートとしての向上心を強く持って臨んだ初めてのパラリンピックとなった。
それゆえアテネから北京までの４年間というのは、仕事と競技生活を両立させていく難しさ、パラスポーツを取り巻く環境や強化資金にまつわる問題点など、それまで見えなかった様々なジレンマとの闘いでもあったという。

「アテネに出られたことで、北京に向けてさらに上をめざしたいという気持ちが強くなったのは確か。そのためには走力、技術、メンタルなどあらゆる面でレベルアップする必要がありましたが、それこそ当時は今と比べて世の中のパラスポーツそのものへの関心が低かったこともあって、少ない練習場所をどう確保しよう、毎日の仕事と並行しながらどう練習時間を捻出しよう、費用はどうしようかなど本当にいろいろな課題に直面しました。同時にアテネ直後からなかなか踏み切りが合わなくなったり、思うように記録が伸びなかったことも焦りに繋がっていたように思います」

そこで一念発起、会社（サントリー）に練習時間を十分に取れる勤務形態にしてほしいと直訴したのだ。アスリートである前に一介の社員であるという自身の立場は十分にわきまえた上での、覚悟をともなう行動だった。希望が通らなかったら辞職してでも……それほど彼女の北京パラリンピックにかける熱意は本物だった。

「自分の人生にとって今何がいちばん大切なのか。そこに対して妥協したくないという思いが強かったんです。それに競技とより真摯に向き合うことが、（子供たちに向けて様々なスポーツイベントを主催する）仕事にも良い影響を与えると思いました。結果として会社は希望通りの環境を整えてくれて、活動費もサポートしてくれました。今思うとよくそんなお願いができたものだな……と思いますけれど、あの決心がなければ今こうして競技を続けられていなかったかもしれない。それに、当時のパラスポーツ界の厳しい状況を経験しているからこそ今でもひとりで気負わず海外遠征に行けますし、タフな環境でもハングリーにやっていけているんだなとも思っています」

覚悟を持って練習に取り組んだ甲斐あって、みごと2大会連続出場を果たした北京パラリンピックではアテネを大きく上回る4ｍ28㎝の記録で6位。目標としていたメダルには届かなかったもののアスリートとして確かな成長の跡を残した。

「北京大会は日本を出発する直前に椎間板ヘルニアになってしまったため、痛みとの闘いでもありました。もう本番前のウォーミングアップでさえ涙が出るほど腰が痛くて、普通なら棄権という選択肢も考えうる状況だったのですが、スタジアムに一歩入った瞬間、押し寄せてきた地鳴りのような歓声が痛みを忘れさせてくれました。おかげで開き直ることができ、『今の自分に出せるものを全力で出し切ろう』と集中して競技に臨むことができました。とにかくあの時は4年に一度のチャンスを無駄にしたくない思いが強かった」

東日本大震災

彼女がパラスポーツの存在をより広く知ってもらうための活動に目覚め始めたのも、ちょうど北京パラリンピック前後あたりの時期からだった。

谷真海の直属の上司にあたる、サントリーホールディングス株式会社ＣＳＲ推進部部長の坪松博之さんがこんな話をしてくれた。

「私が谷真海（※当時は佐藤真海）と一緒に仕事をするようになったのは、彼女がまさに北京に出られるかどうかという時期でした。彼女自身アスリートとしてパラリンピックをめざす一方で、パラアスリートが日々どう過ごし、どうやってスポーツとともに病気や怪我を乗り越えたのかなど、パラスポーツのことを多くの子供たちに知ってもらいたいという気持ちを強く持っていました。であるならば、それをサントリーという会社におけるあなたの仕事にしましょうと。現役のアスリートとして『パラスポーツと社会をつなぐ懸け橋になりましょう』と。それで北京パラリンピックが行われた２００８年以降は、年間20～30回ほど全国の学校や様々な施設を訪問して自らの経験を子供たちに話すようになったのです。そんなパラスポーツの存在を広げたいという彼女の思いがより顕在化するきっかけとなったのが、東日本大震災でした」

忘れもしない２０１１年３月11日。

突如として東北地方の広範囲を襲った大地震は、谷の生まれ故郷である気仙沼の地にも甚大な被害をもたらした。実家が被災し、家族と連絡が取れたのは1週間が経ってからだったという。

引き続き、坪松さんの言葉である。

「とにかく気仙沼に行って現地の子供たちを励ましてこようと。当時、彼女とはそんな話をしました。それで、これまで訪れていた学校の関係者や取材をしていただいたメディアの方々にも協力いただきながら、支援品を募り、サントリーの社員も含めてネットワークを作って気仙沼小学校、中学校を訪問したんです。すると子供たちを元気づけるつもりが逆に彼女自身が競技を続ける勇気をもらったと言いますか、パラスポーツを通じた人と人との繋がりを強く感じ、もう一度自分はアスリートとして頑張っていこうとあらためて決心したのだと思います。

そして子供たちから得た勇気を支えにロンドンパラリンピック出場を果たし、２０１３年のブエノスアイレスでのスピーチに繋がります。『スポーツの力を伝える存在になりたい』という、彼女の中のアスリートプラスアルファとしてのめざす方向性が定まったと考えると、私はその北京パラリンピック後の数年が谷真海の第二のアスリート人生への分岐点だったというふうに考えています」

当時の心境について、あらためて谷真海自身もこう吐露した。

「実は北京大会の後、そろそろ普通のＯＬに戻ってもいいかなあと一度は思ったんです。いろいろと無理をしながら競技を続けている自覚がありましたし、会社や周りからのサポートに頼っている部分も大きかったですから。でもこのまま終わると後悔するなと思い、やっぱりもう一度4年後をめざそうと。そのためにまずは北京で痛めた腰をしっかりと治す、それと同時に体幹から鍛え直すというところからスタートしました。ただ踏み切り足を左から義足側の右に替えたこともあり、なかなか思うようにレベルアップできずに自分の中ではかなり停滞をしていました。

そんなタイミングで震災が起こりました。気仙沼に行って、『言葉さえ簡単にかけられないような状況にいる人たちにどんなことを伝えられるのか』とすごく悩みましたが、当たり前のようにあったものが急になくなるつらさを自分が足を失ったときの経験に重ねながら、『こういうときこそ目標を持って前に進んでいく気持ちが大事だよ』というようなことを自分にも言い聞かせつつ子供たちに伝えました。すると、前を向いて進もうとしている子供たちの表情や姿を見て、むしろ私のほうが彼らから元気をもらえたんですね。そうだ、私こそあきらめずにやらなきゃって」

それでもなお、競技を続けるべきなのか、ロンドンをめざして練習を重ねる中で複雑な思いを抱き続けたものの、奇しくも後に競技者として本格的に取り組むことになるトライアスロンが「スポーツで何かに挑戦することこそが自分にできること」だと再び気づかせてくれたのだという。

「２０１１年の5月頃。まだまだ東北は落ち着くには程遠い状況で、自分だけがスポーツをしている場合じゃないんじゃないか、もっと他にできることはあるんじゃないかといった思いは当然ありましたし、引き続き苦しんでいる方々のことを考えると練習に集中する気持ちになれなかったり、それでは駄目だと思いながらもなかなか通常の生活に戻れない自分がいました。それで気分転換をしてみようと、クロストレーニングの一環としてトライアスロンのレースに出たんです。

日常的にトライアスロンの練習をしていたわけではないので苦しむに決まっているけれど、思い切ってエントリーしてみようと。そこで久しぶりに、苦しくても一歩一歩、足を前に踏み出してゴールにたどり着く喜びを実感したことで、進むべき道がクリアになりました」

東日本大震災という未曾有の災害を経て、それにともなう様々な葛藤と闘いながら出場した２０１２年のロンドンパラリンピック、そして翌２０１３年のブエノスアイレスでの招致スピーチが、谷真海のその後のキャリアを決定づけることとなる。

CHAPTER 3

新たな挑戦
―招致スピーチ、そしてトライアスロンへ―

３度目のパラリンピック出場となった２０１２年ロンドン大会では自己記録を更新する４m70cmで9位。北京以降は踏み切りを左足から義足側の右足に替える試みに苦戦し、思い描いたようなレベルアップはできなかったと言うものの結果としては4年前よりも42cm遠くへ跳んだ。

しかし競技の結果以上に、ロンドンパラリンピック出場は当時の佐藤真海に大きな意義をもたらす。同大会は280万枚のチケットが完売。パラスポーツの価値を飛躍的に高めることに成功し、斬新な映像を駆使したメディア戦略も含めて以降の大会に向けての新しいロールモデルとなった。それによって彼女が得た様々なインスピレーションについては、第7章「空白、そしてリスタート」の項であらためて伝えたいと思う。

その後の方向性を定めたブエノスアイレスでの招致スピーチ

さて、彼女にさらなる転機が訪れたのはロンドンパラリンピックの翌年のこと。

２０１３年9月7日、２０２０年大会の開催地を決定する国際オリンピック委員会（ＩＯＣ）総会の最終プレゼンテーションがアルゼンチンのブエノスアイレスで行われ、トルコのイスタンブール、スペインのマドリードと争う中、まだ国内でも無名だった彼女が「東京」のトップバッターとして登壇。そう、「佐藤真海」の名が広く知られるきっかけになったあの名スピーチである。

その半年前、来日したＩＯＣ評価委員会に向けて、車いすテニスの国枝慎吾とともにパラリンピックへの思いや震災の困難から立ち上がる過程で「スポーツの力」を実感したことをアピールしていた彼女。その姿勢が高く評価されての大抜擢だった。

凛とした笑顔で、自らの心の声を紡ぎ出し、世界に向けて堂々と語りかけるブエノスアイレスでの佐藤真海。その姿を今も鮮明に覚えている人はきっと多いだろう。東京開催を大きく引き寄せた約４分間の英語スピーチ。以下がその日本語訳である。（〈ラッキーガール〉集英社文庫版より）

会長、そしてＩＯＣの委員の皆様。

佐藤真海です。

私がここにいるのは、スポーツによって救われたからです。スポーツは私に人生で大切な価値を教えてくれました。それは、２０２０年東京大会が世界に広めようと決意している価値です。


19歳の時に私の人生は一変しました。私は陸上選手で、水泳もしていました。また、チアリーダーでもありました。そして、初めて足首に痛みを感じてからたった数週間のうちに、骨肉腫により足を失ってしまいました。

もちろん、それは過酷なことで、絶望の淵に沈みました。でもそれは大学に戻り、陸上に取り組むまでのことでした。

私は目標を決め、それを越えることに喜びを感じ、新しい自信が生まれました。そして何より、私にとって大切なのは……私が持っているものであって、私が失ったものではないということを学びました。

私はアテネと北京のパラリンピック大会に出場しました。スポーツの力に感動させられた私は、恵まれていると感じました。２０１２年ロンドン大会も楽しみにしていました。

しかし、２０１１年3月11日、津波が私の故郷の町を襲いました。

6日もの間、私は自分の家族がまだ無事でいるかどうかわかりませんでした。そして家族を見つけ出したとき、自分の個人的な幸せなど、国民の深い悲しみとは比べものにもなりませんでした。

私はいろいろな学校からメッセージを集めて故郷に持ち帰り……私自身の経験を人々に話しました。食糧も持って行きました。ほかのアスリートたちも同じことをしました。私たちはいっしょになってスポーツ活動を準備して、自信を取り戻すお手伝いをしました。

そのとき初めて、私はスポーツの真の力を目の当たりにしたのです。

新たな夢と笑顔を育む力。

希望をもたらす力。

人々を結びつける力。

200人を超えるアスリートたちが、日本そして世界から、被災地におよそ１０００回も足を運びながら5万人以上の子どもたちをインスパイア(激励)しています。

私たちが目にしたものは、かつて日本ではみられなかったオリンピックの価値が及ぼす力です。

そして、日本が目の当たりにしたのは、これらの貴重な価値……卓越、友情、尊敬……が、言葉以上の大きな力をもつということです。

あれから約8年経った今も、彼女の中には当時の心境が色褪せずに残っている。

「偽らず、心から語りかけようと、情景をしっかり思い浮かべながら話しました。東京開催が決まり、自分の経験が少しでも日本の将来につながったことを嬉しく思うと同時に『私の人生、これでよかったんだ』と背中を押してもらえたように感じました。かけがえのない経験でしたね」

佐藤真海から谷真海へ。そしてトライアスロンでの挑戦が始まる

ブエノスアイレスの1年後、彼女は招致活動が縁で知り合った谷昭輝さんと結婚（出会いから結婚までのエピソードは第8章「証言」の項で昭輝さんが語ってくれている）。そして翌2015年には長男を出産。自身の名から一字取って「海杜（かいと）」と名付けた。

実は東京開催が決まった直後から、彼女は7年後に再びパラリンピックに出場する自分をイメージできなかったという。しかし出産してしばらく子育てに専念する中で次第にスポーツと向き合いたいという気持ちがふつふつと湧き上がり、トライアスロンへの挑戦を思い立った。

そこで豊富な競技経験を持ち、トライアスロン専門のショップやスクールを運営する「アスロニア」代表の白戸太朗さんのもとを訪ねた。その後約5年にわたって谷のコーチを担い、現在は東京都議会議員も務める白戸さんが当時の彼女の様子をこんなふうに語ってくれた。

「真海ちゃんとは以前から面識があり、偶然プールのあるうちのスクールの近くに引っ越してきた

というので最初は軽いフィットネス感覚で訪ねてきました。彼女も私も当初は、『競技の第一線は退いたけれど生活の一環としてスポーツを続けるのはいいんじゃない？』というくらいの気持ちだったと思います。ただ練習を重ねるうちに、下は10代から上は70代まで、幅広い年齢の人たちが限られた時間で懸命に身体を動かしている、要は『生涯スポーツ』として練習に取り組む姿が彼女には新鮮に映った。家庭を第一に考えつつ、発想の転換ひとつで走幅跳時代のようにすべてを注がなくてもやれるんだということがわかって、まずはパラリンピックをめざすまではいかずとも一緒にトライアスロンをやっていこうということになりました」

出産から1年、２０１６年の4月に広島・廿日市の「アジアパラトライアスロン選手権」に出場し、また翌２０１７年にはオランダ・ロッテルダムで開催された「ＩＴＵ（国際トライアスロン連合）世界パラトライアスロン選手権」ＰＴＳ４クラスで初優勝を飾ると、ついに東京パラリンピックに向けて谷真海の視界が広がり始めた。

「妊娠した時点で走幅跳にひと区切りつけようと素直に思えました。そこからゆっくり長く続けられるスポーツがやりたいと思い、トライアスロンを始めましたが、２０１６年のリオからトライアスロンが正式種目になる、２０２０年大会が東京で開催されるというふたつの事実が再び自分の気持ちを高みに向かわせました。自信も確信もない中での始まりでしたが、挑戦できる可能性を模索しながら少しずつでもステップアップしていこうと」

CHAPTER4

逆境
―障がいクラスのパラリンピック除外―

２０１９年４月。

同年のシーズンインに向けた沖縄合宿から、谷真海のトライアスロンでの東京パラリンピック挑戦を本格的に追うことになった。

なお、以降ほぼすべての取材に同行してくれた矢吹健巳くんはファッション雑誌やブランド広告などを主戦場にしているカメラマンである。構図、情景とともに被写体の〝美しさ〟を表現することに長けたファッションカメラマン特有の視点で、これまでにない谷真海の姿や表情、そして内面を映し出してもらいたかったというのが彼に撮影を依頼した理由だ。

そういうわけで筆者も含めてスポーツ専業ではないふたりがパラスポーツ界を代表するアスリートを東京パラリンピックまで約１年半かけて追うという、ある種、異例の密着取材が始まった（最終的には大会延期によって２年半に延びることになるのだが）。とはいえそこに負い目はなく、むしろ自分たちにしかできない形でパラアスリート谷真海の様々な側面を切り取ることでこれまでスポーツにさほど興味を持っていなかった人々にも彼女のこと、パラスポーツのことを知ってもらえたら。使命感と言うとやや大げさだが、そんな思いもあった。

実感するトライアスロンの奥深さ、そして新たな難題

4月とはいえ、沖縄は強い日差しが降り注ぎ、日中は立っているだけでもじんわりTシャツに汗がにじむ。そんな中、ラン、バイクを中心に地道な反復トレーニングを重ねながら、休憩中にはリラックスした様子で同行した白戸コーチや練習仲間たちとコミュニケーションを図る谷真海。充実した笑顔がパラリンピックを再びめざす喜びや心身の充実ぶりを物語っていた。

練習の合間に滞在中のホテルで行ったインタビューでは、まずトライアスロンでの新しい挑戦についてこんなふうに話してくれた。

「日々、トライアスロンの奥の深さを実感しています。当然すぐには速くなりませんので課題だらけですが、そんな中でもスイム、バイク、ランの3種目を上手にマネジメントして、時間にも折り合いをつけながらこなしていかなくてはいけないところは大人のスポーツだなあと。だからこそやりがいが大きい。スイムができない日はバイクとランに注力してみようとか、逆に今日は足を痛めていて走りづらいからスイムだけにしようとか、『何も練習ができない』といったストレスがないんですよ。もちろん競技そのものは過酷です。特に私の場合スイムは足が左右非対称ですし、バイクとランは義足をつけて走る時点で通常のアスリートよりも体幹がしっかりしていないと身体がブレてしまいます。そのハードさはトライアスロンを始める前に想像していた以上ですね」

しかしながらその明るい表情とは裏腹に、実は前年から大きな難題に直面してもいた。序章でも触れているが、パラトライアスロンにおける彼女の障がいクラス「ＰＴＳ４」が競技人口の少なさを理由に東京パラリンピック本大会で採用されないことが決まったのだ。

２０１６年にトライアスロンでの挑戦を本格的にスタートさせて以来、翌年には早くもロッテルダムでの「ＩＴＵ世界パラトライアスロン選手権」でＰＴＳ４クラス優勝を飾るなど順調な歩みを見せていた谷だけにそのニュースはまさに寝耳に水だったはずだ。

「トライアスロンへの転向、出産してからの早期復帰も、すべてが２０２０年を見据えた決断だったので、率直にその目標を闘わずして失ってしまうのはあまりにもつらいことだなと思いました。障がいの度合いによってチャレンジする舞台の有無が分けられてしまうのは、本来パラリンピックの理念に反することであり、あってはならないこと。その後、私自身も英語のレターを書いて日本からのルール変更案が通ったことでひとつ上のクラス（ＰＴＳ５）でめざせることになり、トライアスロンに関しては一歩進んだのかなとは思っていますが、他の競技も含めて次のパリ大会に向けて今回起こってしまったようなことがしっかり議論されていくことを信じたいですよね」

言葉の節々にやりきれなさがにじむ。それでいながら、いちアスリートとしての本心は内に押し込め、理路整然とした言葉でパラスポーツ全体として解決していかなくてはならない問題だと語るのは、今や彼女には日本のパラスポーツ界のスポークスパーソン的な立場もあるからだろう。

「出場クラスが変わるということはハンデなしの無差別級にチャレンジするようなものですので、私にとってはとても厳しい条件。とはいえ自国開催の大会ですし、出場できるように、可能な限り自分のレベルを引き上げられるように頑張ってみようと」

不利は誰が見ても明らか。しかし5月の「ＩＴＵ世界パラトライアスロンシリーズ」の横浜大会、東京パラリンピックのプレ大会に位置づけられている8月の「ＩＴＵパラトライアスロンワールドカップ」東京大会をはじめ、ここからはすべてのレースが本大会へ向けた重要なポイントレースになってくる。立ち止まって頭を悩ませていても仕方がないし、切り替えて前に進むしかない。そこでこの沖縄合宿から谷はある新しい試みに取り組んでいた。

「バイクとランで同じ義足を使ってみようと。いわゆるカーボンのバネがついたラン用義足でバイクにもそのまま乗るということですね。これまではランとバイクで異なる義足を使っていたためトランジションでの履き替えで時間がかかっていたのですが、2種目共通にすることでうまくいけば1分くらいはタイムを短縮できるんじゃないかなと。1分を走って縮めることは大変なことなので、うまくいくかどうかはわかりませんがトライアルとしては意義のあることだと思っています」

白戸太朗コーチは、後に当時の挑戦についてこう振り返っている。

「まだまだ日本においては義足のトライアスリートのノウハウが少ない中で、選手個々の特性をどこにどうやって落とし込んでいくべきなのだろうかということを彼女ともよく話し、研究を重ねました。その過程でトランジションを縮めるために同じ義足でランとバイクを走る海外のトップ選手が何人かいたので、世界選手権に行った際には実際にそういう選手たちに直接話を聞いてみたりもしましたね。難しさは当然ありましたけれど、それを楽しむというと少し語弊はありますが、お互い『新しいことをやってやろうじゃないか』という気持ちを共有しながらトライしたつもりです」

変化を恐れない、とにかく気になったことはやってみる。それは走幅跳時代から、いや、もしかしたらもっと以前、身体を動かすことに夢中だった子供の頃から谷真海の根っこの部分にある性質なのだろう。

「走幅跳でも、距離を伸ばすために、北京からロンドンまでの最後の4年間というのは踏み切り足を替えるなどいろいろと試行錯誤しながらチャレンジしてきました。だから今回も、自分の信念を強く持って、上のカテゴリーでレースすることになったからといって守りに入らず、むしろ攻めに転じなければいけないって。もちろん、私だって『もうダメだ……』なんていうことは日常茶飯事。でもそのつど、『この一歩を越えられたらまた成長できるよ！』と自分に言い聞かせているんです。それこそが15年のアスリートキャリアの中で、スポーツが私に教えてくれた最も大きなことなので。この年齢でまだ自分の新しい可能性や伸びしろを感じられるなんて、挑戦がある人生って、苦しいことも多いですけれど、やっぱり楽しいですよね」

パラスポーツの未来への展望

沖縄合宿中のインタビューではまた、〝アスリートサイド〟の話とは別に、前々から気になっていた谷真海の現在の「仕事」についても聞いた。

前章で書いたように、パラスポーツを広く知ってもらおうと走幅跳で北京をめざしていた頃から学校訪問などで自身の経験を伝える活動を積極的に行ってきたわけだが、２０１３年のＩＯＣ総会での招致プレゼンテーション以降は講演依頼などもさらに増え、公の場で発信することも彼女のライフワークになっている。サントリーホールディングスではＣＳＲ推進部に所属しながら、同社がパラアスリート支援を目的に２０１４年にスタートさせた「サントリー チャレンジド・スポーツプロジェクト」で重要なポジションを担う。

「プロジェクトそのものは東日本大震災以降にサントリーの復興支援活動の一環としてスタートしたのですが、実はそれ以前から私個人としては会社の中で草の根運動的に行っていた活動でもあるんです。アスリートとしての営みの中で、少しずつでも競技活動以外に自分ができること、伝えられることに取り組もうと思って始めたことですが、それが徐々に軌道に乗り、多い年だと年間１万人くらいの子供たちと触れあう機会を作ることができるまでになりました。まさかそれが会社の重要なプロジェクトになるとは思っていなかったので、こうしてパラスポーツの普及と発展、アスリートの発掘と育成、そして震災復興のための活動をより広くできるようになることに対してすごく感慨深いものがありますね。何より、私自身、プロジェクトを通して子供たちの目の色がどんどん変わっていく姿を見ると、スポーツ、パラスポーツを通して伝えられるメッセージというのは本当にたくさんあるなあと感じています」

東京パラリンピックは自身のアスリートとしての挑戦であると同時に、パラスポーツの未来に向けての重要な分岐点。谷真海はそう〝1年半後〟を見据えていた。

「今後は岩手県・宮城県・福島県の3県以外にも活動の幅を広げて、これまで培ってきたことをさらに広い範囲で発揮したいという思いが強いです。おそらく、東京パラリンピックを機に、パラスポーツそのものがもっと多くの方々から興味を持っていただけるはずなので、そのチャンスを逃さず、パラスポーツの裾野を広げたり、より良い共生社会の実現にしっかり繋げていかなくては」

結果的にその2年半後にはなったが、東京パラリンピックを終えた今、パラスポーツ界にはまさに彼女が沖縄で話していたようなチャンスが訪れていると言えるだろう。

CHAPTER5

悔し涙の先に
―ローザンヌでの出来事―

沖縄合宿の後、谷真海は国内外を飛び回りながらハードな連戦に臨んでいた。

２０１９年5月に行われた「ＩＴＵ世界パラトライアスロンシリーズ」横浜大会でＰＴＳ４クラス2位、6月の同シリーズ・モントリオール大会では3位。そして8月17日には1年後の東京パラリンピックを見据えて本大会と同じ会場(お台場海浜公園)、同じコースレイアウトで行われた「ＩＴＵパラトライアスロンワールドカップ」に出場。連日の気温上昇の影響によって水質リスクがＩＴＵ基準のレベル４に達したため急遽スイムが中止となり、レースはデュアスロン形式(ラン2.5㎞→バイク20㎞→ラン５㎞)で行われたが、猛烈な暑さの中、レースフォーマットの変更にも動じることなく力強く走り切って2位で表彰台に上がった。

そのわずか11日後、今度はスイスのローザンヌに渡る。

ＩＴＵが主催する大会の中でも最高峰に位置し、ランキングに影響する獲得ポイントも高い「ＩＴＵ世界パラトライアスロン選手権 グランドファイナル」(2年前にロッテルダムで開催された同大会ではＰＴＳ４クラスで優勝)に出場するためだ。レース3日前から現地でトレーニングを始めた彼女に密着。

実は筆者はローザンヌでの彼女を追った連載記事を２０１９年にウェブメディア〈パラスポ＋！〉(集英社)に寄稿している。したがって本章では、少し加筆と修正を加えつつ当時の内容をそのまま収録させていただく。

バイクでの試行錯誤

成田空港からヘルシンキ経由のフライトでチューリヒへ入り、そこからバスで国際オリンピック委員会（ＩＯＣ）の拠点でもあるローザンヌに到着したのは練習開始前日の深夜。東京のレース後の疲労に長時間移動が重なるも、初日からバイクのテストランやスイムのコースチェック、２日目は街中でのランニングと精力的にトレーニングに取り組む。

カラッとした空気、ときおり肌に優しく吹きかかる心地よい風、そして強い日差しにコントラスト豊かに映える街並。そんな初秋の中央ヨーロッパ特有の雰囲気が春先からストイックなチャレンジを続けてきた彼女の心を少し和らげていたのか、練習の合間にはいつになくリラックスした表情でこんな話をしてくれた。

「ローザンヌという街がとにかく好き。昨年もここで行われた大会（ＩＴＵパラトライアスロンワールドカップ）に出場しましたし、以前に東京２０２０の招致活動で訪れたこともある思い入れのある場所ですので。その際に招致に携わっていた夫とも初めて出会いましたしね。それにＩＯＣ本部やオリンピックミュージアムがあるので、歩いているだけでオリンピック・パラリンピックの雰囲気を感じることができるパワーのある街でもあります。不思議な縁というか、ああ、今年も帰ってくることができたなぁという感じです」

しかしパラリンピックをめざす現役アスリートであると同時に今や母でもある彼女。自身の夢のために海外のレースを転戦していることに関しては、夫や4歳(当時)の息子に対して少なからず申し訳なく思う気持ちもあるという。

「こうしてヨーロッパまで来てひとりで競技と向き合える時間をもらえていることはすごく贅沢に感じますね。でも、やっぱり何かが足りないなぁと、少し寂しくもあります。家族がいて、会社で仕事をして、トレーニングをする、といった日々が自分にとっては当たり前の日常なので。いつも時間が欲しい、欲しいと思っているのに、いざひとりになるとそう思うものなんですよね。こうして海外に来るたびに夫と息子への感謝の気持ちを実感します」

8月17日のワールドカップ東京大会では従来のＰＴＳ４クラスで2位表彰台となった。とはいえ彼女がパラリンピック本大会に出場するためには上位クラスであるＰＴＳ５も含めたランキングで順位を上げる必要がある。そのための最大の課題がバイク。ここローザンヌでも当然そこが重要なカギとなる。

「今年は納得できるようなレースがなかなかできていない中で、自分には力がないんじゃないか、というような思いが頭の中をぐるぐる巡ることもあります。だからこの大会では、バイクが思ったよりも良かった、というような収穫が欲しいですし、苦手の坂道も多いので上手に自分をマネジメ

TRIATHLON

ントしながらレースに挑みたい。ベースの力は去年よりも着実についてきてはいるので、日本でやってきたことと自分の伸びしろを信じたいです。それでいて気負いすぎないように。シーズンを通して最も大きな大会なのでもちろん表彰台を狙いたいし、高いポイントも取りたい。でもここがゴールではないので。まずは次に向けたステップをしっかり踏むこと。ローザンヌではそれを強く意識しています」

春からトランジションスピードを上げるためにバイクでもカーボンのバネがついたラン用義足を採用していた彼女。先の沖縄合宿中もＰＴＳ５クラスでパラリンピックをめざすためのそのトライアルに対して手応えを語ってくれていたが、実は8月のお台場でのレースから再びランとバイクで義足を履き替えるスタイルに戻っていた。試行錯誤が続く。

「直近2大会（横浜、モントリオール）でバイクがかなりブレーキになってしまったので、お台場のレースからはトランジションのスピード云々よりも着実にバイクそのもののタイムを速くすることを目標にしました。でも自分としてはストレスなく移行できているかなと」

思わぬアクシデントから得たもの

２０１９年９月１日。

レース当日、ホテルから会場へと向かう彼女は実に落ち着いていた。

ひと言、「粘りのある走りができるように、頑張ってきます」という言葉を残し、颯爽とバイクでレース会場へ向かった。

お台場でのレース後に少しコンディションを崩し、ローザンヌに入ってからも微熱が続くなど身体は万全の状態ではなかったという。だが彼女自身が「思い入れのある街」というだけあって、ローザンヌの街並と心地よい気候、そして街全体が大会と一体となったすばらしい雰囲気に包まれたことがメンタル面にプラス作用をもたらしているのだろう。疲れを感じさせない、フラットなテンションで彼女はスタートラインに立った。

レースのスタートは午後2時過ぎ。

スイムはトライアスロン3種目の中で谷が最も得意としている種目。この日もスタートから力強い泳ぎを見せ、12分12秒というＰＴＳ４クラス2番手のタイムで最初のトランジションエリアに姿を見せた。

そして2分47秒のトランジションを経て、彼女自身が最大の課題として捉えているバイクに。レース前には「ローザンヌのコースは苦手な坂道が多い」とさらなる懸念点を語っていたものの、それほど順位を落とすことなくＰＴＳ４クラス4番手のタイム（44分30秒）で最後のランに移行した。

ランでは街並を縫うように設定された美しいコースを、気迫のこもった表情で力走しながらゴールをめざす。結果、ランは23分28秒とＰＴＳ４クラス2位の好タイムを叩き出し、同クラス全体3位でフィニッシュ。ライバル選手たちとハグを交わし、笑みがこぼれた。

だが直後、ミックスゾーンで思いもよらない事実が判明する。

実はすべての用具がしっかりと収まってなければいけないトランジションエリアのボックスからタオルが出ていたことで、レース中にペナルティが科されていた谷。そのことに日本のチームスタッフともども気がつかず、「ペナルティボックス」（ペナルティを科された場合にこのスペースで一定時間待機が求められる）に入らずゴールしてしまったため失格を通告されてしまったのだ。ペナルティボックスに入ってさえいれば10秒のタイムロスで済んだ。悔やんでも悔やみきれないミスとなった。

「高いポイントを取ってパラリンピック出場に向けた次のステップにしっかりと繋げたい」と、このレースに並々ならぬ意欲で臨んでいただけに、あまりに不運な結末にさすがの彼女も落胆の色を隠せなかった。一瞬ではあったが、ミックスゾーンの柵にもたれかかるようにうなだれ、ひとり、悔し涙に暮れた。

それでもすぐに顔を上げて、声を絞り出すようにこう語った。

「いやもう、本当に自分が情けなくて。ここまで準備してきて、家族をはじめたくさんの人たちがサポートしてくれたのに……。でも終わったことは仕方がないので。次のスペインとトルコでいいレースができるように切り替えていくしかないです」

その言葉通り、ゴールから数時間が経った後、現地に応援に駆けつけていたサントリースタッフたちとの食事の場に姿を現したときにはすでに普段の彼女の表情に戻っていた。

１週間後、スペイン・バニョラスで行われたワールドカップでは、家族の応援のもとＰＴＳ４クラス１位、ＰＴＳ５を含む順位では４位に入ってみごとポイントを獲得。さらに10月のトルコ・アランヤでのワールドカップ最終戦でもＰＴＳ４クラス２位に入った。

ローザンヌで失ったポイントは確かに小さくはない。それでも、谷真海が挫折や逆境をはね返す底力を持っていることはこれまでのキャリアがはっきりと示している。

失意のレースの後、彼女の中だけで新たに噛み締めた決意があったのかもしれない。

TANI
JPN

CHAPTER 6

回想
― 命の尊さを胸に ―

ヨーロッパ３カ国でのタフな連戦で２０１９年を締めくくった谷真海。

束の間のオフを過ごし、年が明け、いよいよ勝負のシーズンが始まろうとしていた。

２０２０年の2月中旬。

彼女はもうすぐ5歳になる息子・海杜くんを連れてニュージーランドのオークランドに滞在していた（夫の昭輝さんは仕事の都合で後から合流することになっていた）。シーズン開幕戦となる２月29日のオーストラリア・デボンポートでのレースを見据えての強化トレーニングだった。

青く澄んだ海と空、街中にもあふれる瑞々しい緑、温暖な気候、そしてゆったりと流れる時間。

オークランドに到着してみて、そこがトライアスロンの練習を積むのに最高の環境であることは筆者とカメラマンにもすぐにわかった。と同時に、２０２０年シーズンを前にここに来ることが彼女にとってはどうしても必要だったのだろうとなんとなく想像もできた。

ニュージーランド在住のトライアスリート夫妻、堀直之さんと陽子さんが日本からトライアスロンの練習で訪れる人に向けて提供している宿を拠点に、東京の喧騒から離れて静かに合宿の日々を過ごす谷親子。朝のランとバイクの練習はランドスケープが美しい海沿いのロードで。日中は海杜くんを現地の保育所に預けたりもしながら、スイムの練習を海や地元のスイミングクラブで行った。

そして空いた時間は親子で自然の中で遊んだり、オフにはオークランドの市街地に出てショッピングを楽しんだり。生活の延長線上にトライアスロンがあるといった感じだ。

筆者たちもこれまで以上に彼女と長い時間を一緒に過ごした。練習だけでなく、時には海杜くんのお買い物や外遊びに付き合ったり、ランチを共にしながら深く話し込んだりもした。そこで当時の対話を可能な限り忠実に伝えるべく、以降はQ＆A形式で書き記したいと思う。

・・・・・

あらためて感じたトライアスロンの魅力、そして家族との絆

―ニュージーランドには初めて訪れたとか。数日過ごしてみての印象は？

「何より海がきれいで穏やか。街の中も公園もすごく緑が多くて、本当にすばらしい環境。こんなところで子育てできたら最高だなあと思うくらい。通りすがりの人たちがみんなニコニコしていて、その笑顔にはちゃんと理由があるんだろうなあって。また東京にいる時よりも時間がゆったり流れている感じもあって、練習に没頭できているので一段階パフォーマンスレベルを上げられる感覚はあります。来るかどうか迷っているときに上司の坪松部長が『そういう時間を作らないとお前はダメだ』と背中を押してくれたのですが、本当にそうだったなって今すごく実感しています」

―人々のスポーツへの意識というか、健康志向がすごく高そうですよね。

「そうそう！　そこにすごく驚きました。ニュージーランドは人口が少ないと言われているわりに、朝からランニングしたり自転車に乗っている人の数が本当に多くて。だからこうしてひとりで練習していても全然孤独を感じない。走っていて笑顔で挨拶してくれる人が多いと朝からハッピーな気分になりますし。環境が良すぎてちょっとオーバーワーク気味ですけれど」

―海杜くんもこちらでの生活を楽しんでいるように見えますね。

「幼い息子を連れて来ていることは、はたから見るとすごく思い切ったことをしているなと思われるかもしれませんけど、こういう選択肢を考えられるようになったのもこれまでパラリンピックをめざす中でいろいろな世界を見て視野が広がったから。だから息子にもその一部を感じてもらえたらなって。といってもまだこの歳なのでどこまで覚えているかわかりませんけれど(笑)。幸い性格が人見知りをまったくしないハッピーボーイなので、すっかり馴染んでくれていて助かっています」

―適応能力はまさに親譲り。

「自然の中でのびのびしているところとか、身体を動かすことに夢中になれる感じとか。やんちゃなところも含めて自分の子供だなあと。いろいろ覚悟していたんですけど、ぐずったのは出発の空港でパパとバイバイするときに大泣きしたくらい。それでこっちも気を張って連れて行こうとしているだけにもらい泣きしてしまって。すると今度は私が泣いているのを見て冷静になったのか、ママが泣いているから自分は泣いちゃダメだと思ったのか急にけろっとし始めて。その姿に私は救われました。こういう経験が家族の絆を深めるのかもしれません」

―ママが毎日練習をしたり、レースに出たりする姿を見て彼はどう感じているんでしょうね。

「それがあの子にとっての日常というか、ずっと見てきている景色。でも『トライアスロンいつ終わるの？』って聞くこともあるんですよね。きっとそれも本音。朝起きたらママがいないとか、たまに海外遠征でいなくなることを寂しく思っているはず。だからこそ今回のニュージーランドでは無駄な時間は過ごせないなって。夫も含め、家族それぞれが闘っている感じなので」

―トライアスロンというスポーツだから、それができている？

「そうかもしれません。同じＰＴＳ４のアメリカの選手もシングルマザーで小学生の娘さんがいるし、オーストラリアの選手も２人の男の子たちのママ。そう、トライアスロンって人生とともにあるスポーツなんですよね。それこそ今回ニュージーランドでお世話になっている堀さん夫婦もトライアスリートですし、宿には私たち親子の他に80歳でアイアンマンレースをめざしている方と、リビングで寝泊まりしている学生さんがいるんですけど、そうやって年齢も立場もバラバラな人たちがトライアスロンで繋がってひとつ屋根の下で過ごしているのもなんだか面白いですよね」

2020年２月、ニュージーランド・オークランドにて。雄大な景色と心地よい気候に包まれながら、まるで現地の日常に馴染むように充実したトレーニングの日々を送る谷真海。

―招致スピーチから7年。当時の自分と比べて、どんなところが成長したと思いますか？

「私、成長できているのかな(笑)。でもひとつ言えるのは、若い頃だとトライアスロンに向き合う気力はなかったかもしれない。その時々で気候も地形も違って、レースのたびにそこに自分を適応させていく作業がすごく必要で、もう想定通りにいかないことの繰り返し。限られた条件の中で自分のできることをチョイスしながら最大限にパフォーマンスしていくというスタンスを取れるようになったのはトライアスロンを始めてから。それに並行して子育てもありますから、強い気持ちがないと毎朝5時から練習できない。そういう意味では少しずつ成長しているかもしれませんね」

―しかしながら、病気、震災、障がいクラスの除外と、本当に逆境続きのアスリート人生に。

「もう人生いろいろありすぎて慣れているところもありますが、人生を振り返ったときに後悔だけはしたくないし、病気が判明したときに『生きていけるのなら悔いのない人生にしたい』と思ったことが私の軸になっているので。だからやらないで後悔するくらいならやってみる。東京パラリンピックに対してもその思いですね。もし最後まで頑張って出られなかったとしても、それはそれで人生において意味のあることだったと考えようと。今の自分には家族がいて、彼らとの生活の中にスポーツがあって、その上で世界にチャレンジできているというスタンス。その点では走幅跳時代よりもある意味リラックスしながら競技生活と向き合えているようにも思います」

いつのときも「命の大切さ」を胸に

―思えば、もうすぐ右足切断の手術から18年。

「もうそんなに経ったか、という感じです。2001年のクリスマス頃に入院して、切断手術は2002年の4月16日。今でも最近のことのよう。『ちょっと足首が気になるな』から始まり、『あれ、捻挫かな?』となって、それでも何年もスポーツしてきた中でちょっとした痛みなんかはそれまでもあったしすぐに治るかなと。しかしその後も整骨院に行ったりアイシングしたり、痛みがひどいときはテーピングをしながら、なんとかチアリーディングの練習に参加していたけれど良くなるどころかむしろどんどん腫れが大きくなっていって。それで年に一度の学内チアリーディングステージにはなんとか粘って出た後、すぐにレントゲン検査を受けに行ったら先生も『なんだこれは』と。骨が溶け始めていると言われ、そこから大学病院を経てがんセンターで骨肉腫が判明したんです。骨肉腫はこういう病気で、最短でも治療に10ヶ月から12ヶ月かかり、うまく治療が進んでも右足の膝から下は残せないでしょうと、もうすべてが驚きの宣告。特に5年生存率の話をされたときには『5年後、私はいないかもしれないんだ』と感じてリアルに怖くなりました」

―抗がん剤治療のつらさは今でも鮮明に覚えているとか。

「これまでやってきたどんなトレーニングよりも苦しく、言葉にならないほどのつらさでした。特に気持ち悪さと倦怠感。例えばテレビを見ながら気を紛らわそうとしてもその時間すら耐えられない。だるくて、何もやる気が起きなくて、最低限トイレのときくらいしか起き上がれないんです。ご飯の時間も最悪。匂いだけで気持ち悪くなって、本当にきつかった。応援や励ましのメールもたくさんいただくのですが、いちばんつらい時期は返信すらできませんでした。なんで自分がこんな目にあわなくちゃいけないんだろうって、初期のほうは毎日そう思っていましたね」

――その厳しい抗がん剤治療に打ち勝つ上で、何が原動力に？

「骨肉腫は本来、小児がんの一種。だから小児病棟には、抗がん剤治療の影響で髪が抜けてしまって頭がつるつるになりながらも、院内学級で毎日勉強したり、前を向いて頑張っている子供たちがたくさんいて、その子たちのひたむきな姿を見て『私も逃げちゃいけない、負けちゃいけない』って。自分の中ではそのとき感じた思いが何より大きかった。それに自分の居場所だと思っていた大学やチアに早く戻りたい、普通の生活に戻りたい、という気持ちがやっぱり強かったので、その思いも力になったように思います。それでも入院中はスポーツのことはほとんど考えられなくて、とにかく『普通に生きていきたい』という思いだけで頑張っていましたね」

――入院中に、今に繋がる大切な出会いがたくさんあったそうですね。

「これまでの著書にも書かせてもらったのですが、当時のいろんな出会いが自分の物事に対する感じ方や人生観を変えてくれました。特に同じ部屋だった恵美子さんという女性は私のことをすごく応援してくれていて、本当によくしていただきました。ベッドが目の前だったこともあって、本当につらいとき以外はカーテンを開けているので恋愛とかたわいもない話をしたり、元気なときには一緒に外にご飯を食べに行ったり、病院食に飽きていたら私が食べたいものを買ってきてくださったり、常に『一緒に頑張ろうね』っていうふうに励ましてくれたんです。そんな恵美子さんをはじめ同じ境遇にいた人たちの存在が本当に心強かった。今も生きて、繫がっている人はふたりの男性だけですが、あの頃に出会った皆さんの存在は今なお私の心の支えになっています」

・・・・・

以下は彼女の著書〈夢を跳ぶ―パラリンピック・アスリートの挑戦〉（岩波ジュニア新書）の一節。そのまま抜粋させていただく。

恵美子さんをはじめ、生きたくても生きられなかった人たちは、私の心の中でずっと生き続けている。

そして折にふれ、大切なメッセージを与えてくれる。

みんな本当に心の底から「生きたい」と思っていた。そんな人たちといっしょに過ごした時間が

私に与えてくれたものは、ずっと大きく残っている。

そしてそんな仲間との「別れ」の経験が、私を常に「一歩前へ」という気持ちにさせてくれるのだと思う。ただ毎日が平凡に過ぎていくだけではもったいない。毎日、目標や目的をもってイキイキと時間を過ごすことこそが「生きる」ことなのだと。空の上から光を照らしてくれているみんなに恥じない生き方をしたい。毎日を楽しく、そして笑顔で。

今、大人だけでなく子どもでも自ら命を絶ってしまう。そういうニュースを聞くと胸が痛む。生きたくても生きられない人たちを間近で見てきた。命は絶対に無駄にしてほしくない。

谷真海というアスリートの取材を重ねるうちに、（特にニュージーランドでは）ふとこう思うことが多々あった。キャリア的には次のステージに移行していてもなんら不思議じゃないのに、なぜここまで現役であることにこだわってパラリンピックをめざし続けるのか。なぜいつも苦しいほうの道を選ぶのか。結局のところ、彼女は何のために、何と闘い続けているのか。

世に「スポーツの力」を発信するため、子供たちにパラスポーツのことをもっと知ってもらうため、パラスポーツと社会の懸け橋になるため、家族や周囲のサポートに応えるため、自分の夢のため……様々な理由があることは知っている。しかしニュージーランドでの対話と、まだ26歳だった佐藤真海が自著に綴った前述の文にその芯の部分があるのではないか。そう感じた。

「命の尊さ」。そしてスポーツが教えてくれた「生きる喜び」。それらを言葉ではなく、自分がアスリートとして挑戦し続ける姿から感じ取ってほしい。その思いこそが谷真海を飽くなき挑戦へと掻き立てているのだ。

約3週間にわたったニュージーランドでの日々を終え、海杜くんを帰国する夫に託すと、彼女はひとりで「ＩＴＵ世界パラトライアスロンシリーズ」開幕戦に出場するためオーストラリア最南端タスマニア州のデボンポートへ渡った。筆者も別の仕事で一度東京に戻り、中5日おいて再び南半球行きのカンタス航空に乗った。

デボンポートでの開幕戦では、ＰＴＳ４クラスで2位表彰台。上々のシーズンスタートを切り、東京パラリンピック出場への道が一歩、開けたように見えた。

しかしこのデボンポートでのレース直後、世界は一変することになる。

CHAPTER7

空白、そしてリスタート
―パンデミックとの闘い―

　ニュージーランドでの合宿、オーストラリア・デボンポートでのレースを取材していた２０２０年の2月というのは、ご存じのとおり、年明けから世界各国で流行していた新型コロナウイルスが日本でもじわじわと猛威を振るい始めていた時期である。

「全国の小学校、中学校、高校に春休みまでの臨時休校が要請された」、「トイレットペーパーが品薄になっている」などといったニュースはデボンポート滞在中にネットで知った。

　レース取材後、経由地のメルボルンで2日ほど滞在して筆者が帰国したのは3月2日。自分以外に数えるほどしか乗客のいないカンタス航空機の中で、何か世界がとんでもない方向に動き始めていることを感じて妙な気分になった。

　数日後、プロ野球の開幕延期、第1節を消化したあと中断に入っていたJリーグも公式戦再開の延期を発表。３月11日には春のセンバツ高校野球が中止となり、ＷＨＯ（世界保健機関）はウイルスの流行がパンデミック相当であるという見解を示した。

　ほどなくしてニュージーランド、オーストラリア両政府は海外からの渡航を全面ストップ。ほんの数日前までその両国で谷真海を取材していたことがまるで夢だったように感じられた。

　その後イタリアを皮切りにフランス、スペイン、イギリスとヨーロッパ各国で感染が急速に拡大。ニューヨーク、ロサンゼルスをはじめアメリカの各大都市も次々と感染爆発にのみこまれ、世界各国で「ロックダウン」（都市封鎖）の発表が相次ぐ。２０２０年3月、世界はそれまでの景色から激変した。

そして3月30日、史上初めて、オリンピック・パラリンピックが２０２１年夏に延期されることが決定した。

筆者は専業のスポーツジャーナリストではないが、これまでの編集者人生の中でたくさんのアスリート、パラアスリートたちを取材させてもらった。それだけに、オリンピック・パラリンピックをめざす彼らにとっての〝4年間〟がどのようなものか、本来であれば開幕数ヶ月前に迫ったこの時期にそれまで取り組んできたピーキング（本番に向けてコンディションを最高の状態にもっていくこと）のプロセスがゼロになってしまうことがいかにショッキングなことなのかは自分なりに理解していた。何より谷真海のチャレンジを追う中でそれらをより肌で実感していただけに、なんとも表現しがたい思いに支配された。

しかしながら、先が見えない不安に襲われたのはアスリートたちだけでなく我々一般人も同じだった。4月、5月の仕事のほとんどがキャンセルになり、スケジュールが真っ白になる中で、次第に多くの人たちと同じように筆者も自分のことで精いっぱいになっていった。

少し時間が経ち、限定的ではあるがファッション関連の撮影の仕事がスタートしたり、アスリートへのインタビューもオンライン取材という新しい形で少しずつ再開し始めた6月。思い切って谷真海にメールを送ってみた。「世の中は大変なことになってしまったけれど、その後どうお過ごしですか？」といった簡単なメッセージ。程なくして返信があった。

延期が決定した後は取材なども控えて考える時間にさせてもらっている、ハードなトレーニングはしていないものの毎日身体は動かしながらマイペースで過ごしている、息子と長い時間を共に過ごせている、そして今は続けるとも続けないとも言えないがどちらを選択するにしても前向きに決断をしたい、といった内容だった。

そのメッセージに対して返事はしたものの、しばらくはこれ以上踏み込むことはやめておこう、いや、今は踏み込むべきではないなと思った。彼女がいろんな葛藤と向き合いながらなんらかの答えを導き出そうとしていること、今は何より家族との時間を大切に過ごしていることは容易に想像できたし、それを陰ながら応援しつつ、結論を出した後に然るべきタイミングでまた話を聞ければと思った。それがいかなる答えであっても。

そして筆者自身も、変わりゆく日常と社会通念に順応しながら、仕事のスタイルや物事の考え方において自分なりの価値観を見出し、新しい道に進み始めてもいた。

その後、実際に会って再び話を聞くまでには、約1年を要することになる。

2021年4月、広島・廿日市にて

２０２１年４月24日。

谷真海が「アジアトライアスロンパラ選手権２０２１」に出場するという情報を得て、開催地である広島・廿日市に向かった。「やっぱり戻ってきたか」と、心の中でニヤリとした。

大会は新型コロナウイルスの感染拡大が続く中、選手のみならず、関係者、メディアにも事前にＰＣＲ検査が義務づけられるなど徹底した感染対策が敷かれる中での開催となった。スポーツを取り巻く環境も以前とは大きく変わった。ここから先、数年はこれがスタンダードになっていくのだろうと思いつつ、この状況下で大会運営に携わる方々の仕事ぶりには素直に頭が下がる思いだった。

約1年前のデボンポート以来、久しぶりに彼女が走る姿を見たのはスイムを終えてバイクへのトランジションに向かうコース脇。少し不思議な感覚にとらわれつつも、見慣れたランニングフォームの選手がこちらへ向かってくるのを目にしてほっと胸を撫で下ろした。

各クラスともにコロナ禍の影響によって海外からの来日選手が揃わない中、谷のＰＴＳ４クラスは彼女ひとりだけでのレースとなった。そんな中、どこかレースの感覚というものをじっくり取り戻すかのように、淡々と、力強く、1時間22分32秒のタイムで走り切った。

ミックスゾーンでは、集まったメディアを前にマスク越しにこう話した。

「こうしてもう一度レースの場に立てることが想像できない時期もありましたが、気持ちも身体も戻ってきました」

その後5月16日には「ワールドトライアスロンパラシリーズ」横浜大会にも出場し、今度は海外選手も出場する中でＰＴＳ４クラス2位。２大会でのポイント獲得によって、廿日市の前まで12位だったＰＴＳ５を含むランキングはパラリンピック出場権を得られる9位以内にジャンプアップ。土壇場で東京パラリンピック出場が有力となった（その後、７月８日に代表候補に内定）。

もう一度「スポーツの力」を信じようと思った

２０２１年6月某日。

お台場にあるサントリーホールディングスの会議室で、約1年3ヶ月ぶりに谷真海本人と再会。アクリル板越しではあるが、久しぶりにじっくりと話を聞くことができた。

まずは廿日市でのレースについて。

「丸々1年ぶりでしたね。レース自体は競う相手がいなかったこともあって終始自分との闘い。だからいろんなことを冷静に、俯瞰して見ながら走ることができたと思います。大会がない期間もコツコツとトレーニングを積み重ねてきましたけれど、やはり練習だけでは自分の現在地が測りきれず、実際に試合に出ないとコンディションを掴めない部分も多いので、身体が思ったよりも動いてくれて良かったです。廿日市と、その後の横浜でしっかり走り切れたことが今に繋がっていますし、何よりその２大会が無事に開催されたからこそポイントが取れてパラリンピック出場が見えたという点で非常に大きかったですね」

〝空白の１年〟。彼女がその間をどのように過ごし、何を考え、再びこうして競技者としてトライアスロンに向き合う結論を出したのか。いちばん聞きたかったことをストレートに聞いた。

「延期が決まった直後というのは、本当に何か言葉を外に向けて発信できる状況ではなかった。『悩んでいる』という一言でさえ、あまり家族以外の人には言わないようにしていましたから。何が正解なのか、誰もわからない中で、とりあえず静観するほかなかったというのが当時の率直な気持ち。それに、一時期はほぼほぼ競技を続けない方向に向かっていたと思います。実はあのニュージーランド合宿あたりから首を痛めていて、オーストラリアではその痛みがピークに達していましたし、帰国後もなかなか治りませんでした。身体もギリギリ、気持ちもギリギリ、それに海杜のことを考えると２０２０年がゴールだと思えたから続けてこられたところもあるので、『さすがに１年先は厳しいかな』って。その後、正直な自分の気持ちが出てくるまで待とうかなというふうに思えるようになったのですが、答えが出るまではしばらくかかりましたね」

それでもペースは落としながら、日常的にトレーニングを続けていたという。

「去年4月に最初の緊急事態宣言が出てからは、しばらくトレーニングというより初心に戻って楽しくスポーツと向き合う時間にしようと思いました。それで頭と身体を1回リセットしようと。結果として、練習の強度を落として楽しみたいという気持ちだけで走ったり、自転車を漕いだりする時期を持ったことで首は治りました。とはいえ、気持ちの面では『じゃあ1年後をめざそう』というふうにすぐには切り替えられなかった。当時は本当に1年後に開催されるのかどうかさえ、誰にもわかりませんでしたから」

　しかし家族と濃密に向き合えた時間が、ゆっくりではあるが次第に彼女の気持ちをもう一度パラリンピックに向かわせることになった。

「2020年の秋頃ですね。立ち止まって、家族とたくさんの時間を共有する中で、シンプルに自分の生活に『スポーツは欠かせない要素なんだ』と再確認できたんです。家族と一緒に日々笑って過ごす、ご飯を美味しく食べる、といったことと同じように、私にとってはスポーツしているときがいちばん自分らしくいられる時間なんだなと。幸い息子も夫もスポーツが大好きなので、一緒に外を走ったりアクティブに過ごすことが多く、そんな日々の中で自然ともう一度トライしてみようという気持ちが湧いてきたんです。大会のないシーズンをどう過ごすのか、という問題はありましたけれど、頭を切り替えて強度を落としながらゆっくり長くベーストレーニングをする、ということを楽しみながらできたように思います。そこもトライアスロンに再び気持ちが向いていくきっかけになりましたし、もう一度アスリートとしてどんな形になろうと最後まで駆け抜けようと心から思うことができました」

新型コロナウイルスによるパンデミックが世の中にもたらしたものは日常の変化だけではない。世界中で、価値観の相違による分断が進み、根深かった人種差別の問題がさらに顕在化した。ネット上には他人に対する誹謗中傷の言葉が溢れた。オリンピック・パラリンピックに関しても、開催の是非を問う議論はあって然るべきだが、日本で巻き起こっていたそれはもはや議論ではなく非難の応酬に過ぎなかった例も多く（そこは偏った報道によって結果的に世論を煽ることになってしまったメディアも大いに反省すべきだと個人的には思っている）、そこに対してアスリートが発言することさえ難しい世の中になってしまった。ギスギスした空気に包まれた社会に対して、「スポーツの力」で一石を投じたい。そんな思いもひとつの原動力になったという。

「コロナによる閉塞感と言いますか、世の中を今までにない空気感が覆う中で、私としてはそれによってスポーツの価値が失われてほしくないという気持ちが何より強かった。そして願わくば、もう一度スポーツによって誰もが前を向けて、少しでも手を取り合い、肩を組み合えるような、離れてしまった人との距離が気持ちだけでも近くなるようになってほしいなって。私たちみんな、そろそろ前に進まないと」

ロンドンパラリンピックで見た、あの景色を胸に

遡ること約９年前。東日本大震災を経て、走幅跳での最後の出場となった２０１２年のロンドンパラリンピック。そこで見た景色もまた、コロナが社会不安をもたらす中、彼女が様々な葛藤に打ち勝って挑戦を続ける大きな一因となった。

「ロンドンパラリンピックは大会の運営がとてもすばらしかったことと、何より観客の皆さんが、オリンピアンに対するのと同じ目線で、純粋に競技を楽しみながらパラリンピアンを応援してくれていた光景が今でも目に焼き付いていますね。そしてメディアの方々も含めて本当にロンドンがひとつになって作り上げた大会であることが直に伝わってきました。そして、２０１３年に東京開催が決まった後、ロンドンの景色を思い出しながらこう思ったんです。『あのときに広がったムーブメントをどうやって切らさず、発展させていくべきか。それが東京に向けて私たち日本人に課せられたいちばんの課題なんだ』と。だからコロナ禍の逆境においても、パラリンピックが次のステップに進むためには東京大会の開催が『最後の大事なピースになる』と信じてきました。パラアスリートの躍動する姿が社会をインスパイアし、変革していくこと。それこそがパラリンピックの理念に通じることなんです」

CHAPTER 8

証言
―パラスポーツと社会の懸け橋に―

本書を書くための取材の過程では、これまでパラアスリート谷真海の〝もうひとつの顔〟をよく知る人たちにも話を聞いた。

かつてスポーツ義足と出会うきっかけをもたらした義肢装具士の臼井二美男さん、サントリーの上司として彼女の背中を押し続けてきた坪松博之さん（両氏のコメントはそれぞれ第1章、第2章にも引用させていただいている）、そして夫としてトライアスロンでの新たな挑戦をいちばん近くでサポートしてきた谷昭輝さん。

２０１３年のＩＯＣ総会でのスピーチ以来、発信者としてパラスポーツと社会を繋ぐ役割も大切にしてきた彼女が、現役のアスリートとしての東京パラリンピック出場にこだわるのはその先にどんなビジョンを描いてのことなのか。三氏ともにその真意を紐解く上で欠かすことのできない人物である。

・・・・・

「真海ちゃんの笑顔には、いろんな試練を乗り越えた強さが表れている」

—臼井二美男（義肢装具士）

最初は真海ちゃんから電話で相談があったんですよ。「義足を履いているけど痛くてなかなかうまく歩けない。だから水泳をやっています」と。水泳の後にロビーで杖をついて歩いていたら、たまたま僕が義足作りを担当していた人から「あなたくらい若かったら義足さえちゃんとすれば走ったりできるんだよ。臼井さんのところに行ってみたら」と勧められたということで。それで1回来てみなさいと伝えたらすぐに訪ねてきましたね。歳を聞いたら、まだ20歳だと。大学でチアリーディング部に入ったけど足に腫瘍ができて切ってしまったと。自分の足のことを真剣に考えてひとりでやってくるなんて、若いのに行動力があるなあと思いましたよ。２００３年の話ですから、もう18年前になりますね。

　最初のほうはやはり、痛みとの闘いでね。ソケットという足を入れる部分を途中で作り直したり、試行錯誤しながら大会に出たりもしていたんですけど、彼女はもともと運動神経と集中力が高かったですし、必ず課題を克服してやるという気概もありました。とはいえ当時アテネをめざし始めていた真海ちゃんというのは、まだまだアスリートというより病気に打ち勝つために義足を履いてスポーツに挑戦している若い女の子というイメージ。そこから、次の北京に向けてトレーニングを重ねる中で一気にアスリートになっていったなあと。彼女にもそういう自覚があったんじゃないでしょうか。

　僕が当時から真海ちゃんに対してたいしたものだなあと思い続けているのが、とにかく自分の思ったことをはっきり言えるということ。そして何かに挑戦して成果を摑み取る力がある。自分の力で大学を卒業してサントリーに入社したり、社会の中でしっかり生きていく自分というものをイメージしながらそれらの力を養ってきたように思います。

また震災のときも気仙沼の実家が被災して大変な状況だったと思いますけど、僕の前で弱音を吐くことは一度もなく、聞くのは「走っているところがちょっと痛くなるからなんとか改善してほしい」といったように義足に関するリクエストばかり。そして出産して東京大会をめざす過程では、仕事と家族と競技、いろんな面を両立させながらプログラムを作っていく。そうやってスポーツばかりではなく、家族、故郷、仕事と、いろんなことを自分の中できちんと整理しながら生きていける精神の強さと多才さも感じますよね。

それにね、なんと言っても真海ちゃんは笑顔がいい。皆さんにも谷真海イコール笑顔というイメージがあるでしょう。その裏にはきっと、いくつもの試練を乗り越えてきた強さがあって、彼女が今を頑張って生き抜いているからこその笑顔なのだと思うんですよ。

これは僕が勝手に期待していることなのだけれど、真海ちゃんにはいつか、都議会議員とかになってもらえたら嬉しいなあと思っているんですよ。まあ本人に直接言ったことはないですけどね(笑)。例えばパラスポーツの世界で要職に就いたりというのは彼女なら当然できる。でも、そのさらに先というか、もっと広く一般の人たちに向けてメッセージを投げかける力が彼女の笑顔には備わっていると思うんです。障がいの世界というのは非常に奥深く、本当にいろいろな障がいを持った方々がいます。彼らみんなが「大事なひとりひとりの個性なんだ」ということを自分の歩んできた人生をふまえて伝えていける人は本当に少ない。だからこそ、今後の彼女の活動というものをとても楽しみにしているんですよ。

「谷真海はまだ何も成し遂げていない。ここからやるべきことがたくさんある」

―坪松博之（サントリーホールディングス株式会社　ＣＳＲ推進部部長）

谷にとってトライアスロンで東京パラリンピックに出るというのは、もちろん純粋にアスリートとしての大事な目標ではありました。一方で、もうひとつ、「パラスポーツの今後をどう発展させていくか」、そこに向けて何をどういうふうに伝えていくべきかをずっと考えながら彼女はここまで過ごしてきたと思うんですよ。いわゆる、ただ選手としての夢だからパラリンピックに出たいというのではなく、パラスポーツと社会、パラスポーツと子供たちの懸け橋として「スポーツの力」を広く発信するためにもアスリートである以上パラリンピックに出なければならない。そういった考えもあったのだと思います。

特に皆さんもご存じのように東京オリンピック・パラリンピックの招致活動に携わって以降は外からもそういった役割がより期待されるようになりましたし、何より彼女自身が自分でも強く意識するようになった。そこでここ数年大きなテーマになってきたのが「ダイバーシティ＆インクルージョン」というわけですね。

谷の場合は会社で働いていますが、障がいを受けた人の多くはまだまだ一般の人と同じように仕事をするのが難しい。その現状をこれからどうしていくのかというのが、パラスポーツ全体の課題であり、ダイバーシティ＆インクルージョンの達成に向けても必要不可欠なこと。そんな中で、障がいのある人にとってのスポーツというのは、健常者にとってのそれとはかなり違ってひとりひとりが自分の可能性を表現して広げていくことのできるもの。ひいてはそれが社会の一員として活躍するきっかけにもなるものなんです。だからこそ「パラスポーツにしかないスポーツの力」があって、谷が自分のアスリート活動を通して表現したいことの本分がそこにあるように思っています。

この先ダイバーシティ&インクルージョンの軸になってくるのは、「オポチュニティ(機会)のバリアフリー」という考え方。しかし現状それが達成されているかというとそうではない。だからこそ東京パラリンピックはゴールではなくてスタートでなくてはならないと彼女自身も考えている。そういう意味で、谷真海はまだ何も成し遂げていません。むしろパラリンピックを終えてからどうしていくかが大事。やるべきことはまだまだありますよ。何より彼女自身が先に述べた「スポーツの力」を大いに享受した人間でもあるので、それを伝える役割をなんらかの形で継続しながら発展させていかなくてはならない。

トライアスロンでパラリンピックをめざす過程ではいろいろと難題にぶつかったでしょうし、1年延期もあった。もしかしたら競技を途中でやめるという選択肢も常に頭の中にあったかもしれない。しかし一度これだと決めたら躊躇なく取り組める、後悔のない生き方ができるところが谷真海のいちばんの強さ。病気を乗り越えてきた経験がそうさせているのか、とにかく誰の意見よりも自分の意思に忠実なんですよ。だからこの先、競技を続けるのかどうかも含めて、周りからどういう意見が出ようが最終的には自分のやるべきことは自分で答えを見つけて進んでいくことでしょう。

「パラリンピックが終わっても、きっと限界のフタを外し続けるはず」

―谷昭輝（夫）

真海と最初に出会ったのは２０１３年の7月、僕自身も携わっていた招致活動の一環でスイスのローザンヌを訪れていたときでした。今だから言えますが、実は彼女と出会うまでパラスポーツをそれほど身近に捉えられておらず、井上雄彦さんの漫画〈リアル〉を読んで車いすバスケットボールの存在を知る程度でした。そんな折、ローザンヌ滞在中、スタッフ間で打ち合わせをしていたときに真海が近くに来て、僕らのすぐ脇でなんの気なしに義足を履き替え始めたんですね。それを見て、「僕らと何も変わらないじゃないか」と。それまで障がいのある方に対してどこか構えてしまっていた自分のことを恥じるとともに、次第に日本でもっとパラスポーツの価値を知ってもらわなければいけないと思うようになったんです。

その後、ブエノスアイレスでの最終プレゼンテーションを経て、年が明けた頃。彼女がまた競技に戻って走幅跳の練習をするというので、競技場に同行したり、一緒に砂場を掘ったり、そうこうしているうちに付き合うようになってその年の9月に結婚しました。

僕はもともとアスリートの生き方をリスペクトしていましたが、一緒に暮らすようになって、「ここまで突き詰めるのか」と。ある種、求道者のように自分がやるべきことや身体と向き合う姿勢に触れてこれはすごいなと。なにしろ毎朝、僕が7時過ぎに起きるともうリビングで「ハア、ハア」

と息を切らしながら自転車を漕いでいるわけですから。
それこそ２０１５年に息子が生まれてからは、子育てや家事はもちろん、会社にも通いながら、さらに講演会などスポークスパーソンとしての役割も全部手を抜かずにやり切ってしまう。こっちから「少し休まないと怪我するよ」と言わないと止まらないんですよね。

そんな真海の姿を見ていて思うのは、すごくシンプルに、スポーツが好きなんだということ。そして彼女自身がそこに救われたと感じているから、「スポーツの力」を自分が挑戦する姿を通して表現したいと思っている。だからこそ1年延期が決まった後というのは、世の中でスポーツやアスリートに向けられる否定的な視線や意見などもまるで自分のことのように受け取りながら存在意義を自問自答しているようにも感じました。

この1年で、「ダイバーシティ＆インクルージョン」という言葉を多くの企業や団体が掲げるようになりました。多様性や人それぞれが持つ価値観を尊重し、活かしていける社会にしていこうというそのムーブメントに対しても、彼女はパラリンピックとそこでの自身の走りを通してメッセージを投げかけたいと考えている。
中でも、障がいのある人を社会全体がきちんと受け入れようという意識は以前と比べてかなり深まっているとはいえ、ヨーロッパやアメリカと比べるとまだまだ日本には課題が多い。あくまで僕個人の見解ですが、例えばうちの息子は真海がいつもそばにいるから他のアスリートに「なんで腕がないの？」と普通に聞き、答えを聞いて「そうなんだ」と納得してたりするんですけれど、そんなふうに子供たちが思ったことを気軽に聞けないような雰囲気をこれまでは大人が作り上げてしまっていたように感じるんです。

例えば真海が義足で東京の街中を走っていたとして、それを見た大人が自分の子供に「すごいよね、義足ってカッコイイよね」と当たり前のように言えるような社会になってほしいし、そうなってこそ本当の意味でダイバーシティ＆インクルージョンが進むと思うんです。人種、国籍、性別、年齢、そして障がいの有無にかかわらず、価値観そのものの多様性を認められる社会に。そういった機運をより高めていくためにも今回のパラリンピックはすごくいいきっかけですし、真海自身が誰よりもそう思っているはず。だから今大会でひとりでも多くの人が何かしらのインスピレーションを得てもらえたら嬉しいです。

東京パラリンピックが終わっても、きっと真海はパラスポーツの価値を伝える活動を続けていくと思います。それに長くゆっくりしていられない人でもあるので、国際大会には出ずとも近いうちに「ちょっと来月トライアスロンの大会に出ようかな」などと言い出すはず。だからスポーツそのものも続けていくことでしょう。家族としてはもちろん応援します。真海にも息子にも、自分がその時々やってみたいと思ったことに対して言い訳をつけて挑戦を諦めるようなことはしてほしくないし、僕自身もそうありたい。それこそ彼女がよく言っている「限界のフタを外す」じゃないですけど、やってみたいことがあるなら、みんなが「いいんじゃない？」って背中を押し合えるような家族でありたいなと思います。

CHAPTER 9

決意
—「スポーツの力」を信じて—

２０２１年７月。

一足先にオリンピックが開幕した4日後、パラリンピック前最後の強化トレーニングの様子を撮影するため、また本番直前の心境を聞くため石垣島に飛んだ。

石垣島は走幅跳時代も含めて谷がこれまでのキャリアの中で何度も合宿を行ってきた場所。1ヶ月後に迫ったアスリート人生の〝集大成〟に向け、慣れ親しんだ地でリラックスしながら調整に臨む。それが彼女にとってごく自然なチョイスだったのだろう。何より今回は家族が一緒だ。夫の昭輝さん、息子の海杜くんと、3人だけの最後の合宿。

石垣島での1日の始まりは朝6時。早朝からうだるような蒸し暑さの中、バイク、そしてバイクからランへのトランジションと、黙々といつもの反復練習をこなす。コンディションは良さそうだ。練習中は昭輝さんが海杜くんと一緒に過ごし、練習が終わったら交代。今度は夫が宿泊するエアビーアンドビーの部屋でリモートワークに入る。

そして夕方からのバンナ公園でのランの練習では、海杜くんも隣で一生懸命走っている。なんというか、支え合っている家族というより、彼女の夢に向けて一緒に闘っている言わば同志のような3人。ここへきてようやく、谷家の家族のあり方というものがつかめた気がした。

コロナ禍でのオリンピック・パラリンピック開催に思うこと

6歳になった海杜くんとは1年半前のニュージーランド以来。どうやら当時のことは覚えていてくれているよう。インタビュー中は、カメラマン矢吹くんのカメラを取り上げてはレンズを母に向けてパシャパシャとシャッターを切り続けている。人懐っこさとやんちゃっぷりは相変わらず。でも以前よりもずいぶん少年っぽくなった。「ママがパラリンピックの開会式で旗手を務める」こともちゃんと認識している様子だ。

「オリンピックの開会式は家族３人一緒にテレビで見ました。純粋に、『ああ、やっとここまでたどり着いたんだ』と、これまでの大会以上に感慨深かったですね。きっとたくさんの方が複雑な気持ちで見ているんだろうなあと思いつつも、それでも入場する選手たちの表情を見ると、どの国の選手たちもすごく生き生きしていて、マスクをしていても『ついにこの場に立てた』という喜びが表情に満ちあふれている感じがしてワクワクしました。それに、八村塁選手（男子バスケットボール）や須﨑優衣選手（女子レスリング）みたいに『あの国旗を１ヶ月後には私が持つんだ』と思うと急に緊張感も高まって。息子に『ママもこうやって入ってくるんだよ』と話すと、『えー！』って（笑）」

招致活動から携わってきたからこそ当然こんな思いもあった。多くのアスリートの思いも代弁するかのように、続けてこう語った。

「２０１３年に招致のスピーチをしたときに描いた未来とは正直かなり違った形になりました。なぜなら本音を言うともっと異なる観点で『さすが日本』と思ってもらえるような大会になってほしかった。特にこうしてオリンピックが無観客で進んでいることに対しては非常に残念な気持ち。ただ、これればかりは誰も想定できなかったことですし、むしろ日本だからこうして開催まで漕ぎつけられたところもあるんじゃないかなって」

そう、この1年はいろんなことが起こりすぎた。誰もが混乱し、狭まった視野で正しいこととそうでないことを分類しようとしてしまった。そんな中オリンピック・パラリンピックに関しては、正直に言うと筆者も開催に対して100％賛成、というふうに捉えられない時期が確かにあった。でも今はこう言える。「もしも本当に中止になっていたとしたら、未来に向けてプラスになるものは何も残らなかっただろうな」と。

「このような社会状況の中で中止を望む声が上がるのは仕方がないこと。今でもコロナの影響で大変な思いをされている方がたくさんいらっしゃいますから。それでも、私たちには次に向かう何かが必要だったと思うんです。いざ始まってみると、こうして時差がなく、子供たちがテレビ中継をリアルタイムで見られることはすごく有意義だなと思いましたし、スケートボードやサーフィン、3×3バスケといった新種目が盛り上がっているのを見てこの先新しい土壌の広がりもあるんじゃないかなあと。大人があれこれ言っても、オリンピック・パラリンピックが子供たちにとってとてつもなくパワーのあるスポーツイベントであることに違いはないんですよね。だからこそ、社会的な背景とオリンピック・パラリンピックの開催はやはり切り離して考えなければいけないことだとあらためて強く感じました」

Kabuto
GARMIN
MAVIC

難局続きの挑戦を振り返って

谷真海にとっての東京パラリンピック挑戦。それは２０１４年以降、結婚、出産、競技転向を経て、何よりもまず育児と競技生活をどう両立させていくのかという模索からスタートしている。昔を思い出しながら、穏やかな表情で振り返った。

「当然ながら自分にとっては経験のない世界で、用意された道もなく、情報もない。そんな中で自分なりに海外選手の情報を集めたりしつつやり方を模索しながら、時に失敗しながらも工夫をして、道を作っていくという作業でした。それでも最初のほうは息子という大事な命を守っていくのに気持ちも身体も精いっぱい。でも完全にやめてしまうと可能性が閉ざされてしまう気持ちもあったので、夫が仕事に行く前とかに身体を動かす時間を作ってみたり、子供の成長に寄り添いながら少しずつやれることをやっていこうと。そこから１年で仕事に復帰して、徐々に練習時間を確保できるようになっていって。そこはサントリーに感謝ですね。会社への復帰と競技転向が重なったけれど、チャレンジ精神を応援してくれる社風だからこそ『やってみたら？』と言ってもらえて、本当にありがたかった。そこからは昼間のうちに仕事だけじゃなくて競技の練習もして、息子のお迎えの前には全部終わらせて、そこから寝かせるまでの時間はもうバタバタ。でもそれって、私が特別ではなくて、世のお母さんたちもみんな一緒。だから頑張れたというのもありますね」

その後も、本書で何度も書いているように本大会での自身の障がいクラスの除外、新型コロナウイルス感染拡大による1年延期と、常に難しい状況が続く中でのチャレンジだった。「やめる」という決断に心が傾いたこともあったが、やはり彼女自身がこれまで培ってきたパラアスリートとしての矜持がそれを思いとどまらせたのだろう。

「クラス変更を余儀なくされたときも、1年の延期が決まったときも、続けるかどうか正直かなり悩みました。でも『難しそうだからやめておこう』という答えにはやっぱり自分の中でならなかった。これまでも選択肢がふたつあったらよりチャレンジングなほうを、という人生を送ってきたので。だから今回も、せっかく扉が開いた、じゃあやらなきゃ損だなって。大変だけど『どうにかなるかもしれない』というふうに考えて進んでみようと。これが想定していた以上に大変ではあったけれど……それでもこうしてしっかりゴールに向かってこられたので、強く思い描いた未来は少しずつだとしても必ず近づいてくるんだなと感じましたね。やっぱりパラリンピックにしかない世界観があって、そこに魅了されてきたから。シンプルに、腐らず続けてこられて良かった」

「義足になってからの人生、もう一度与えられた人生を後悔のないものにしようという考えでやってきた中で、子供たちにメッセージを伝えていく活動においても、過去形より自分自身が現在進行形で夢に向かって頑張っていることを伝え続けられたほうがいいなというのは、それこそ震災のときに強く感じたこと。『私自身も頑張る、だからみんなもあきらめないで一歩でも二歩でも前に進んでみよう』って」

THE
NORTH
FACE

この1年半というのは未来を担う若い世代も多くの犠牲を強いられた。学校で友人に会えない、せっかく苦労して入った大学に通えない、仕事やアルバイトがなくなった、そして何より部活ができない、目標にしていた大会が中止になった……といったふうに。そこに対しても、やはり彼女なりに思うところがあったようだ。

「若い人たちの気持ちは本当によくわかります。私自身も義足になって大学に戻って、何か自分だけが違うような感覚があったときに、2ヶ月くらいすごく落ち込みました。過去と比べて『あのとき着ていた服が着られない』とか、『もうチアリーディングができない』とか。でも振り返って嘆いて何かが戻ってくるならいいんですけど、絶対にそうはならないわけで、だからこそ『新しい人生を始めるんだ』という気持ちで新しい価値を見つけていこうと考えをシフトしていったら少しずつポジティブになれたんです。だから若い人たちにも、考え方を転換させて、つらくても気持ちを切らさず一歩でも二歩でもいいから前に進んでいってほしい。コロナによって一度は夢が絶たれてしまったとしても、いつかその悔しい思いをぶつける場面に出会えるように、そしてそのときに『あの経験があったから』と思えるように。難しいことですけれど、それが人生ですもんね」

今こそ「スポーツの力」が必要なとき

39歳で挑む大舞台。明言はしていないものの、おそらく彼女の中では今回が最後のパラリンピック挑戦と捉えている。紆余曲折を経てようやく見えてきたゴールを前にして、率直に何を思うのか。

2021年７月。石垣島の透き通るような海を背景に、夫の昭輝さん、息子の海杜くんと。

「あんなに苦しい思いをしてきたのに、いざここまで来てみると『あと1ヶ月で終わってしまうのか』という寂しさはあります。こういう感覚は初めてかも。私は常々『アマチュアアスリートに引退という言葉はない』とずっと思っているんですけど、それでも一旦設定したゴールがあって、そこに今すごく近づいてきているというのはなんだか不思議な気持ち。強い思いを持ってがむしゃらに何かを目指したからこそ得られる充実感と、同時に抱く焦りや不安、葛藤。それらすべてひっくるめて、やっぱりスポーツなんだなって。それをこの年齢まで続けてこられたことに今は感謝の気持ちでいっぱい」

「スポーツの力」を言葉よりも走る姿で伝えたい。そしてパラスポーツを特別感なく見てほしい。２０１２年のロンドンパラリンピック以来、彼女の芯の部分にあり続ける思いだ。

「最近は『ダイバーシティ＆インクルージョン』という言葉が広がりを見せていますけれど、私はそれを直に感じられるのがスポーツだと思っていて、このパラリンピックは選手たちの姿からその本質を少しでも感じ取ってもらうチャンス。

誰よりも私自身がそこに魅了され続けてきましたし、『人間に限界はないんだ』ということをシンプルに教えてもらったので。だから頭の中で健常者のスポーツと分けずに見てほしいんです。私が挑戦しているトライアスロンも、比較的新しいスポーツだからこそジェンダーの壁がなくて、年代の幅も広く、障がいのあるなしにかかわらず同じフィールドで同じスタートラインに立てるというのがすごく素敵なんです。選手それぞれが自分の障がいに合わせた工夫を凝らしながら、息を切らして必死にゴールをめざす姿を見て、何かしら感じてもらえたら嬉しいですね」

　本大会前最後の取材を終えて、谷家３人が泊まる宿を後にする前、もうひとつだけシンプルな質問を投げかけてみた。

―２０２１年は、谷家にとって忘れられない年になりますね。

「まだパラリンピックが始まる前ですけど、家族みんなで闘った、一生忘れられない２０２１年。いや、２０２０年も含めてかな。まあ息子が本当の意味で何かを感じ取ってくれるのはきっと10年後ぐらいでしょうけれど」

CHAPTER10

東京2020パラリンピックを終えて
―限界を超えた先に見えたもの―

２０２１年８月29日、お台場海浜公園。

時間は午前９時21分を過ぎた頃。

トライアスロン競技のシンボルであるブルーカーペットの直線コースに、ランの最後の周回を終えた谷真海が姿を現した。

かけていたサングラスは頭の上にのせ、スタンド方向に笑顔で手を振りながら、「ＴＯＫＹＯ２０２０」の文字が浮かぶカーペットの感触を確かめるように、一歩一歩、足を進める。身体も精神も、余力はとっくに尽きている。しかしアスリートとしての本能が前を向かせ、足を動かしている。まさにそんな感じだ。

フィニッシュタイムは１時間22分23秒。

出場10人中、最後のゴール。それでも両手を大きく広げ、満面の笑みでフィニッシュゲートをくぐった。目をつむり、天を仰ぎながら見せたその笑顔は、これまで何度も見てきた谷真海のゴールのどれよりも晴れやかに見えた。それもそのはず、東京パラリンピックのゴールというのは彼女にとって、招致プレゼンテーションから８年、いや、東日本大震災を起点とするなら10年という長い歳月を駆け抜けてのゴールだったのだから。

また、トライアスロン転向後は自身の障がいクラスの本大会からの除外、コロナ禍による１年延期といった様々な壁が彼女の前に立ちはだかり、一時は競技から退くことも考えたが思いとどまった。信念を貫き、限界を超えた先にたどり着いたゴールでもあった。

会場でその姿を見守った白戸太朗コーチも、２０１６年にトライアスロンでの挑戦を始めて以来、苦楽をともにした日々を思い浮かべながら感極まる思いだったという。

「この2年間はいつモチベーションが崩れてもおかしくない状況でした。それでもあきらめずに、特に最後の半年間は本当に集中していい練習を積んで出場に滑り込めた。それはもう彼女の強い意志があってこそなせるわざでしたし、無事にパラリンピックのスタートラインに立てた時点で私の仕事も終わったなと。スタートのコールを聞いただけでもう胸が熱くなりました。レースもランでは苦しみましたけれど、一緒に強化に取り組んできたバイクも含めて今の実力をすべて出し切ってくれたので彼女自身もきっと後悔はないはず。

外に向けてはいつもポジティブで笑顔。でも水面下ではいろんな苦しみと闘いながら必死に足を動かしている。それが谷真海の本当の姿。あの笑顔の裏には底知れない努力があるということを、このレースで多くの人に感じてもらえたんじゃないかなと思います」

ミックスゾーンで谷真海は、涙を浮かべながらその険しい道のりを振り返った。

「自分のクラスがなくなって何度も心が折れそうになりましたけれど、こうして最後まで走り切れた。集大成らしい姿は見せられませんでしたし、4度出場してメダルには縁のないパラリンピックでしたけれど、自分の中ではメダル以上の宝物をもらったと思っています」

―メダル以上の宝物をもらった―

その真意は、レースから4日後、9月2日に東京パラリンピックのメインプレスセンターで行われた記者会見での発言に凝縮されていた。

子供のときも、大学生で足を失ったときも、スポーツに力をもらって、挑戦する気持ちになれた。東日本大震災があったとき、どうしたら子供たちが笑顔を取り戻すお手伝いができるかを考え、彼らの姿から私自身もアスリートとして前を向く力をもらいました。

スポーツには夢や笑顔を取り戻してくれる力がある。その「スポーツの力」を、競技、言葉を通して伝える活動を続けてきました。スポーツには障がいの有無、人種、国籍、文化、あらゆる違いを超える力があると信じ、それがアスリートとして挑戦し続けるモチベーションになっていました。コロナ禍によってその思いに自信をなくす時期もありましたが、再認識することができました。

このオリンピックによって、子供たちはグローバルな夢を描くきっかけになったのではないでしょうか。またパラリンピックを観て、自分の力を信じて、できない理由を探すのではなくどうしたらできるか、自分自身に残されたものを最大限に生かす大切さを感じてもらえたのではないでしょうか。

私自身、アスリートとして東京パラリンピックに参加することで、これまでパラスポーツを観ることのなかった友人や知人にも応援してもらう機会になりましたし、私だけでなくいろんな障がい

のあるアスリートにインスパイアされたという連絡ももらいました。やっぱりパラスポーツには人の気持ちに訴えかける力がある。そう感じました。

ダイバーシティ&インクルージョン。進んできたとは思いますが、まだまだ。この大会がゴールでなく大きな通過点でなくてはならない。もちろん選手たちの努力も必要ですが、みんなでアクションに移していく時期。意識して、工夫をして、一段階進めていく。それこそがパラリンピックを開催したレガシーになると思っています。

・・・・・

東京パラリンピック閉幕から10日後。谷真海は本書に向けての最後の撮影とインタビューに応じてくれた。

「毎日、よく眠れています。海杜は手紙を書いてくれていましたね。『今まででいちばん速いところを見せてくれてありがとう。次は僕の番だからね』って」

そう語る穏やかな笑顔に、安堵と達成感が滲む。

そして「スポーツの力」が多くの人々に届いたことへの喜びをこう噛み締める。

「閉幕後のリサーチでは、69%、ほぼ7割の方が開催して良かったと言ってくださった。多様性、調和、共生社会。このパラリンピック開催によって、たくさんの方々にその本質の部分を感じてもらえたことは大きな一歩。私自身、長く信じ続けてきたことが、自国開催によってたくさんの人に伝わったことを本当に嬉しく思います」

車いすテニスの国枝慎吾は今大会でも圧倒的な強さと存在感を示し、車いすバスケットボールや車いすラグビーの代表選手たちは縦横無尽にコートで躍動しながら競技そのものの魅力とともに「障がいは自分だけの強みでもある」と言わんばかりの魅惑的なプレースタイルを存分に披露してくれた。また個人的には、トライアスロン女子ＰＴＳ５クラスで金メダルに輝いたイギリスのローレン・ステッドマン、銀メダルを獲得したアメリカのグレース・ノーマンら、谷真海が数年来競ってきた海外選手たちがこうして無事に東京にやってきて相変わらずたくましい走りを見せてくれたことも感慨深かった。

しかしそれらはほんの一例。多くのパラアスリートたちが情熱的に競技と向き合う姿を見て、私たちが感じたこと。それこそが谷真海の伝えたかったことだ。

実はレースの次の日、谷真海は自身のツイッターに、ビートルズのアルバム「アビイ・ロード」のジャケット写真をモチーフにした１枚の写真を投稿している。

義足の彼女も含めて、車いす、視覚障がい、片腕がないなど様々な〝個性〟を持つ７人の代表選手たちが選手村内の横断歩道を一列になって力強く闊歩するシーンだ。

添えられたメッセージは、「みんなちがって、みんないい」。

そのツイートは現在まで３万を超える「いいね」がつき、リツイートは６０００件に迫るなど大きな反響を呼んでいる。

谷自身が記者会見でも「ここからが本当のスタート」と語っていたように、パラスポーツと社会の繋がりは確実に新しいフェーズに入っていくだろう。

「もちろんパラリンピックに出ていた選手たちがすべてを映し出しているわけではないけれど、こうしてスポーツを入り口として、障がいのある人たちが普段どういうふうに生活しているのかといったところまで徐々に興味を持っていただけたら。

私自身、招致のプレゼンテーション以降はいろんなものを問われる中でのアスリート活動でした。それを重く感じることもありましたし、常に責任も感じてきましたけれど、こうして今『やっぱり「スポーツの力」はあったよね』と自信を持って言葉にできることが何より幸せ。長くてつらかったけれど、あきらめずに挑戦し続けてきて本当に良かったです」

２０１３年に佐藤真海がブエノスアイレスで世界に向けて発信した「スポーツの力」は、８年の時を経て２０２１年夏、谷真海はじめ、パラリンピアンたちによってはっきりと世の中に示された。となると私たちがこれからすべきことは明確だ。この夏、パラリンピックを通して得たインスピレーション、すなわち多様性を認め合う意識というものを一時のムーブメントで終わらせないこと。

谷真海は自分が挑戦する姿を通して、それを私たちに教えてくれた。

さて、彼女は若い頃から折に触れて自分のことを「ラッキーガール」であると言ってきた。そう、本書でも紹介した彼女の著書のタイトルにもなっている言葉である。

「苦しい思いもたくさんしましたけれど、それを乗り越えた自信が次の人生に繋がっていく。スポーツに限らず人生というのは日々そういうことの連続だと思いますが、私はそれをパラリンピックという究極の場所で感じることができた。そういう意味でも、やっぱりラッキーだなって思います」

ここ数年、谷真海の挑戦を追いながら筆者自身はもうひとつ教わったことがある。

それは幸運というのは誰かにもたらされたものではなくて、自分次第でいくらでも手にできるものだということ。彼女が病気を乗り越えて大好きなスポーツをもう一度始められたこと、サントリーに入れたこと、走幅跳でパラリンピック3大会に出られたこと、招致プレゼンターに抜擢されたこと、最良のパートナーと息子に出会えたこと、そしてトライアスロンで4度目の東京パラリンピックに出場して「メダル以上の宝物」をもらえたこと。そのすべてが、挑戦をやめず、道なき道を突き進んできたからこそ。

切り拓く力。

それが谷真海に、彼女の言う数々の〝ラッキー〟をもたらしてきたのだと確信した。

ここから彼女は忙しくなるだろう。トライアスロンは少しの間お休みになるだろうけれど、果たすべき仕事がたくさんあるし、外から求められることもさらに増えるはず。しかしきっと、これからも谷真海は谷真海にしかできない道を進んでいくのだろう。

ちなみに3年後のパリ大会は、今のところめざすつもりはないという。

「こんな苦しかったことをまた3年先に向けてというのは、今は考えられないですかね」

しかしぼそっとひと言、こんなふうにも言った。

「パリの街を走る。魅力的には感じますけどね」

本心は誰にもわからない。しかしひとつ言えるのは、この先もきっと、谷真海は自分の感性に正直に従い、また自分だけの新しい道を切り拓いていくであろうということだ。

いつか、これまでの長い挑戦が実は序章にすぎなかったと感じるように。

SNSに投稿したこの１枚に、谷真海が今大会を通して伝えたかった思いが凝縮されている。

あとがき

本書を書くにあたって、約2年半にわたる取材の過程で谷真海から聞いた話を極力ありのまま書き記すことを心がけた。したがってアスリートを題材にした他のノンフィクションと比べても本人の言葉の割合がかなり多いように思う。あえて書き手の色を抑え(もちろん筆者の語りが主になっている章もある)、そのような構成にしたのは、これまで自身の著書を出していることからもわかるように谷真海は明確な自分の言葉を持ったアスリートであり、その言葉にもとづいた信念に忠実に生きている人でもあると感じたからだ。

中でも谷真海が長きにわたるパラリンピックへの挑戦を通じて大切にしてきたメッセージが「スポーツの力」である。言ってみれば本書は、とてもシンプルなその言葉の奥に込められた彼女の真意を紐解くことをひとつのテーマにしている。

実は筆者自身もかつて「スポーツの力」の恩恵にあずかった人間である。もちろん谷真海のアスリート人生と比べると軽微な経験だが、小学3年の夏から中学時代にかけてある指定難病によって長い闘病生活を送った際、それこそスポーツに救われた。4ヶ月の入院を経て、退院後に母のすすめで野球のリトルリーグに入り、中学からはバスケットボールに打ち込んだ。体調が不安定だったため同級生たちと毎日同じように練習することはできなかったものの、いつしか体調のアップダウンは減り、投薬の影響で成長が止まっていた身体も中学3年になる頃には一気に大きくなった。完治は難しいと言われていたのに、約6年続いた通院生活を中学卒業前に終えることができたのだ。当時、母は千尋の谷に落とす思いで息子にスポーツをやらせたのだろう。かつて体操選手だった母もまた「スポーツの力」を信じた人だったのかもしれない。本書の取材を重ねながらふとそんなことを思った。

　個人的な話が長くなってしまったが、その原体験が谷真海の言う「スポーツの力」により強いシンパシーを抱かせ、また彼女が自ら走り続けながらそれを体現していくさまを伝える上で大きな力になってくれたように思う。

　さて、パラアスリート谷真海の挑戦を追う中で筆者が特に印象に残っているのが2019年にローザンヌで開催された「ＩＴＵ世界パラトライアスロン選手権グランドファイナル」での出来事。第5章で書いたように、同レースで谷真海はゴール直後にペナルティによる失格を言い渡され、何かをぐっと嚙み締めるように人知れず涙を流した。その背中に彼女の本当の強さを見た気がしたというか、谷真海はいつも笑顔だけれどその裏では必死にもがき、いろんなものと闘いながら「スポーツの力」という言葉を世の中に発信しているのだと思い知った。「これはなんとしても最後まで見届け、伝えなければならない」。自分の中でスイッチが入った瞬間だった。だから第5章の最後に収めた当時のワンショットが、（もしかすると彼女は不本意に思うかもしれないが）この本の中でいちばん好きな写真である。

2021年11月　徳原　海

最後に

２００４年に私にとって最初の著書となる〈ラッキーガール〉を出版させていただいた集英社さんから、２０１９年に〈ラッキーガール続編(仮)〉となる出版のお話をいただきました。東京パラリンピックをめざしていたとはいえ、出場できるかどうかわからない(出場できない可能性も非常に高かった)状況であり、すぐに前向きなお返事をすることができなかった私に「出場するか否かではなく、谷さんの思いや考えを伝えたい」と言っていただきました。大会が1年延期されたことで、大会そのものも私自身もゴールが見えなくなった中、決して順調で前向きな日々ではなかったことも事実ですが、こんな時だからこそ感じる思いや、「史上初1年延期でオリンピック・パラリンピックを迎えた選手」としてのダイレクトな言葉を残していただく貴重な機会になり、心から感謝いたします。

２０１３年に招致プレゼンの場に立ち、開催決定の瞬間に立ち合えた私がこの8年間、どのような思いをもって過ごしてきたか、そして大会は何を残せたか。私にとって東京パラリンピックは8年かけて向かい合った大きな大会でした。その場にアスリートとして立つなんて当初は現実味のない夢であったことも確かですが、大変な時も家族や職場、周りのみなさんのサポートや応援の力を借りながら、一歩一歩近づいてゆくことができました。様々なことを乗り越えて迎えた東京大会で見た景色は格別でした。

「切り拓くチカラ」なんてかっこいい力が私にあるかわかりませんが、強い思いと、人との出会い

2021年７月・谷海杜くん撮影

や様々な機会を味方にして、後悔のない選択とチャレンジをしてきた先に、かけがえのない経験を積み重ねることができました。

義足になって次の春で20年が経ちます。「神様はその人に乗り越えられない試練は与えない」。闘病をした時に母から授かり支えにしてきた言葉を、より多くの人と共有しながらここまで歩んできました。命の大切さ、夢に向けてチャレンジすることの大切さを胸に、そして多様性のある共生社会実現に向けて。アスリートとして、社会人として、母親として、これからも走り続けていきたいと思います。

２０２１年11月　谷 真海

谷 真海　Mami Tani

1982年３月12日生まれ、宮城県出身。旧姓・佐藤真海。早稲田大学在学中に骨肉腫によって右足膝下を切断。卒業後サントリーに入社し、走幅跳でアテネ、北京、ロンドンと３大会連続でパラリンピックに出場。2013年にはIOC総会の東京大会招致最終プレゼンテーションでスピーチを行う。結婚・出産を経て、2016年からパラトライアスロンに転向し、2017年の世界選手権で優勝を飾る。出場した東京2020パラリンピックでは日本代表選手団の旗手も務める。現在、サントリーホールディングス株式会社 CSR推進部所属。

徳原 海　Kai Tokuhara

1978年８月５日生まれ、大阪府出身。雑誌メンズノンノでの編集アルバイトを経て2005年にフリーランスのファッションエディターとして独立。2008年にはアイドルグループ嵐の５大ドームツアー写真集〈ARASHI IS ALIVE！〉(集英社)の編集を担当。近年はブランドの広告ビジュアルやカタログ制作なども数多く手がけている。またファッション関連の仕事と並行しながらバスケットボールやスノーボードを中心にスポーツメディアへの寄稿も増えており、これまでのべ200人以上のアスリートの取材を行っている。

パラアスリート谷真海　切り拓くチカラ

2021年12月20日　第1刷発行

著　者　徳原 海
発行者　佐藤真穂
発行所　株式会社 集英社
〒101-8050 東京都千代田区一ツ橋2-5-10
電話［編集部］ 03-3230-6350
［販売部］ 03-3230-6393(書店専用)
［読者係］ 03-3230-6080
印刷所　大日本印刷株式会社
製本所　ナショナル製本協同組合

ISBN978-4-08-790067-5　C0095

衣装協力
ザ・ノース・フェイス／ゴールドウイン カスタマーサービスセンター　0120-307-560
サロモン／サロモン コールセンター　☎03-6631-0837
サンスペル／サンスペル 表参道店　☎03-3406-7377
ホカ オネオネ™／デッカーズジャパン　0120-710-844
プレインピープル／プレインピープル青山　☎03-6419-0978

撮影　矢吹健巳［W］
写真　長田洋平／アフロスポーツ(P18、114)
森田直樹／アフロスポーツ(P22)
SportsPressJP／アフロ(P20〜21、24〜25)
ヘアメイク　塩澤延之［mod's hair］
スタイリスト　金子夏子
デザイン　藤村雅史
西原 瞬(藤村雅史デザイン事務所)
協力　サントリーホールディングス株式会社　株式会社 RIGHTS.